古代歷史文化研究輯刊

八 編

王 明 蓀 主編

第 7 冊

魏晉南北朝交通研究

馬 曉 峰 著

國家圖書館出版品預行編目資料

魏晉南北朝交通研究／馬曉峰 著 — 初版 — 新北市：花木蘭
文化出版社，2012〔民 101〕
目 2+146 面；19×26 公分
（古代歷史文化研究輯刊 八編：第 7 冊）
ISBN：978-986-254-968-1（精裝）
1. 交通史　2. 魏晉南北朝
618　　　　　　　　　　　　　　　　　101014965

ISBN-978-986-254-968-1

9 789862 549681

古代歷史文化研究輯刊
八 編 第 七 冊　　　　　　ISBN：978-986-254-968-1

魏晉南北朝交通研究

作　　者　馬曉峰
主　　編　王明蓀
總 編 輯　杜潔祥
出　　版　花木蘭文化出版社
發 行 所　花木蘭文化出版社
發 行 人　高小娟
聯絡地址　新北市永和區中正路五九五號七樓
　　　　　電話：02-2923-1455／傳眞：02-2923-1452
網　　址　http://www.huamulan.tw 信箱 sut81518@gmail.com
印　　刷　普羅文化出版廣告事業
初　　版　2012 年 9 月
定　　價　八編 22 冊（精裝）新台幣 35,000 元

魏晉南北朝交通研究

馬曉峰　著

作者簡介

馬曉峰，1971 年 6 月出生，1993 年於西北師範大學獲歷史學學士學位；1997 年於首都師範大學獲歷史學碩士學位；2004 年於北京師範大學獲得歷史學博士學位。現為北京化工大學文法學院公共管理系副教授；另兼中國民主促進會北京市朝陽區青年委員會主任委員等職。

提　要

　　交通與人類生存和社會發展密切相關，各種交通類型的出現和發展以及交通工具的逐漸完善和高效，直接促進了人和物在空間上的移動。以往認為魏晉南北朝時期的交通建設處於萎縮狀態，但事實恰恰相反，由於軍事鬥爭的需要該時期的交通建設卻處於蓬勃發展的勢頭。

　　陸路交通方面，魏晉南北朝時期為了適應軍事形勢的需要，在秦漢時期開通的固有道路的基礎上，進行了更大規模的道路建設。另外，作為皇權標誌的馳道在魏晉南北朝時期無論在規模上還是在形制均不如秦漢時期恢宏壯麗，但就作為皇權象徵而言卻絲毫沒有淡化，甚至影響到了少數民族政權。

　　以內河航運為主的漕運方面，在魏晉南北朝時期非但沒有萎縮，反而有更大規模的發展態勢，主要表現在區域內的漕運事業發展很快。

　　郵驛作為資訊傳遞的主要形式，由於魏晉南北朝時期軍事鬥爭的需要使得其重要性更加突出。秦漢時期的亭、郵、置、驛、傳，甚至逆旅等形式，在魏晉南北朝時期整合為單一的驛，構成了快捷、高效的郵驛體系。

　　關津一般設置於陸路、水路險要之處。魏晉南北朝時期的關津設置較秦漢而言在數量上、範圍上均大大增加。值得注意的是在北朝時期關津開始由護軍府進行管理，這反映了中央對地方的控制開始加強。

　　以上魏晉南北朝時期的漕運、陸路、郵驛、關津在建設和管理上表現出濃厚的軍事性，這與當時的時代特點有密切的聯繫。地方割據勢力在魏晉南北朝時期的強化促進了區域交通建設的展開。大規模的陸路交通建設、漕渠開鑿、以及優化資訊的傳遞方式，加強關津建設都為以後大一統局面的出現創造了條件。

目

次

緒言：研究狀況、選題意義與寫作構想

一、關於交通問題的研究狀況

交通是空間發展的決定性因素，是各種運輸和通訊的總稱，在開疆拓土、政令推行、經濟發展、軍事活動乃至民族融合、國際關係等方面都起到重要的作用，是政治、經濟、文化發展的基礎。因此，交通問題一直為歷代政權所重視，這也使其成為史學研究的重要課題。白壽彝先生的《中國交通史》是我國系統地進行交通史研究的開山之作，該書出版於 1937 年，時值抗日戰爭全面爆發，中華民族到了最危急的時刻，全國人民掀起了抗日救亡的浪潮。關係到戰爭成敗的交通問題成為當時亟需解決的重要課題，因此該書的出版強烈體現了作者對現實社會的關懷。其內容勾勒了從先秦到當時中國的交通狀況，體現了巨大的現實意義。可是縱觀全書，唯獨缺乏魏晉南北朝時期的交通狀況，雖然有聊聊數語有所涉及，但主要也為秦漢和隋唐作鋪墊。當今學術界注意到了這個問題，對魏晉南北朝時期的交通問題進行了系統的研究，重點主要集中在交通路線及其考訂方面，大致從三個方面進行研究，即陸路交通路線、內河航運交通路線和海路交通路線。

關於陸路交通路線，嚴耕望先生是這方面研究的集大成者。其代表作《唐代交通圖考》（中央研究院歷史語言研究所專刊之八十三，中華民國 74 年 5 月版。該書原計劃 10 卷，由於嚴先生不幸去世目前僅能見到前 5 卷。）實際上是彙集了他研究唐代交通問題的論文集，嚴耕望先生在考察唐代的主要道路時以較大的篇幅涉及到了魏晉南北朝時期的內容，主要有，《長安洛陽驛道》、《長安太原驛道》、《洛陽太原驛道》、《子午谷道》、《駱谷驛道》、《金牛

成都驛道》、《漢唐陰平道》、《漢晉時代滇越道》、《太原北塞交通諸道》、《太行飛狐諸陘道》、《歷代盧龍塞道》等等，這些交通路線無論在唐代還是在魏晉南北朝時期都發揮了重要的作用。嚴耕望先生考證之精細，令人驚歎，無怪乎連作者自己都說：「余於此書已付出三十七年之歲月，亦為平生功力最深，論辯最繁之述作，……」（《唐代交通圖考》序言 P1）

唐長孺先生在其《南北朝期間西域與南朝的陸道交通》（載其《魏晉南北朝史論拾遺》）中考察了與河西走廊幾乎並行的從益州到西域的「河南道」。

黎虎先生在《東晉南朝與西北諸國的交往》（載黎先生的論文集《魏晉南北朝史論》P476～479，學苑出版社，1999 年 7 月版）一文，詳細考察了江左通西北的兩條陸路——西路與東路，並指出了其開通後的意義。

另外，黃盛璋先生在《川陝交通的歷史發展》（載其《歷史地理論集》）中敘述了川陝間陸路交通的興廢。白眉初在《諸葛亮出師六次路線考略》（載《地學雜誌》18 卷 4 期，1930 年）一文中，敘述了諸葛亮北伐的路線。趙大煊在《諸葛武侯南征故道考》（載《華西學報》2 期，1934 年 6 月）一文中考察了諸葛亮的南征路線。方國瑜在《諸葛亮南征的路線考說》（載《思想戰線》1980 年 2 期）一文中也作了類似的闡述。郭榮章的文章《諸葛亮出斜谷的行軍之道》（載《成都大學學報》1992 年 2 期）中考察了「斜谷」的方位與諸葛亮的行軍路線。馬志冰在《魏晉南北朝時期各地區間的貿易聯繫及其交通路線》（載《北朝研究》90，總 3）中以各政權間的通商貿易為中心，探討了以長江為主幹線的水運交通路線和鄂爾多斯沙漠南緣路、絲綢之路、漢中到益州的道路等陸路交通線。前田正名在其《北魏平城時代的鄂爾多斯沙漠南緣路》（載《西北歷史資料》1980 年 3 期，1981 年 1 期，胡戟譯。及前田正名著：《平城歷史地理學研究》，李憑等譯，書目文獻出版社，1994 年版）中詳細闡述了這條連接北魏與西域的交通幹線。王子今先生在其《秦漢交通史稿》（中共中央黨校出版社，1994 年版）一書中在論及秦漢交通道路建設時，同時探討了秦漢時期的一些主要道路在三國時期的狀況。尤其闡述了溝通關中與巴蜀間的棧道在三國時期的作用。還有，藍勇著《南方絲綢之路》（重慶大學出版社，1992 年版）和《四川古代交通路線史》（西南師範大學出版社，1989 年版）同樣側重於敘述交通路線的形成與演變。尤其考證了「零關道」、「五尺道」、「南夷道」等西南重要的交通路線。

90 年代以來人民交通出版社推出了一套《中國公路史叢書》，除了《中國

古代道路交通史》（人民交通出版社，1994 年版）之外，還有全國各主要省份的道路交通史。但這些通俗性的專著祇是極爲簡略地對各自地區在魏晉南北朝時期的交通路線進行了敘述，且大多數語焉不詳。

內河航運的主要功能是爲了漕運糧食等物資和軍隊的移動，在封建社會是一項極其重要的國策，爲統治者所關注。專門研究魏晉南北朝時期的內河航運的論文主要有：揚州師範學院歷史系大運河史編寫組撰寫的《隋朝以前的南北運河》一文（載《江海學刊》1961 年 11 期）從江南部分，江黃部分，河北部分分別敘述了各段運河的開鑿過程。並指出在分裂割據狀態下，「零碎的、片段的水利工程較多，大規模的工程則較少；開鑿運河和水渠有不少是爲滿足當時軍事的需要。」王文彬在《曹操征烏桓時開通運渠事蹟考略》（載《歷史教學》1982 年 12 期）中勾勒了曹操開通白溝、平虜渠、泉州渠、新河、利漕渠的過程。並認爲，「這些運渠開通後，華北平原上的各大河流都輻湊天津，通過海河而注入渤海，海河水系初步形成……，奠定了天津作爲河港與海港的水運交通樞紐地位……。」王育民在《南北大運河始於魏晉論》（《上海師範大學學報》1986 年 1 期）一文以河北諸渠的開鑿，河淮之間運河的開鑿，溝通中瀆水和巢肥運河的開鑿，三個方面爲中心論述了南北大運河是在曹魏時期溝通的一系列運渠的基礎上貫通的。另外，黃盛璋的《曹操主持開鑿的運河及其貢獻》（載《歷史研究》1982 年 6 期）；潘民中的《曹操在統一北方戰爭中修鑿的四條運河》（載《許昌師專學報》1987 年 1 期）；魏嵩山、王文楚的《江南運河的形成及其演變過程》（載《中華文史論叢》1972 年第 2 輯）；劉新玉的《論肥水源與「江淮水道」》（載《歷史研究》1960 年 3 期）；蔣福亞先生的《三吳地區經濟的發展和江南河的開鑿》和許輝先生的《歷經滄桑的江南運河》（均見《運河訪古》唐宋運河考察隊編，上海人民出版社，1986 年 10 月版）王鑫義的《東晉南北朝時期的淮河流域漕運》（載《安徽史學》1999 年 1 期）劉漢東在《水路交通運輸與魏晉南北朝商品經濟的發展》（載《許昌師專學報》1983 年 3 期），從商業發展的角度敘述了以長江爲主幹線的水路在其中所起的紐帶作用。嚴耕望先生在《唐代交通圖考》第五卷《隋唐永濟渠》一文時，就曹操所開的平虜、泉州、新河三渠進行了細緻的考察。總之，這些文章各自具體闡述了該時期漕渠的開鑿與演變。史念海先生在其《中國的運河》（陝西人民出版社，1988 年版）一書中同樣勾勒了魏晉南北朝時期運河開鑿的基本情況。

　　全面、系統、深入地對魏晉南北朝時期漕運問題進行研究的當數日本學者佐久間吉也。佐久間吉也的《魏晉南北朝水利史研究》（開明書院 1980 年出版）一書，該書其實是囊括了其研究魏晉南北朝水利諸問題的論文集。內容有三個方面：（一）、與自然條件有關的水旱災實情及其應急措施的問題；（二）、作為對付水旱災的長期對策的灌溉問題；（三）、與灌溉不可分割的漕運路線的形成問題。該書關於漕運的內容計有：《曹魏時代漕運路線的形成》；《孫吳時代漕運路線的形成》；《晉代的水利》中有關兩晉漕運路線的問題；《北魏時代的漕運》等文章。關於曹魏時代的漕運，作者認為河北的漕運網的形成，是在曹操的勢力擴大過程中，由於軍事的需要而出現的產物，而且成了建立王朝的基礎。關於孫吳漕運路線的形成，作者指出，江南天然水路本來就多，沒有必要像華北地區那樣開鑿人工運河，只要修理水路，建築堰渠，航行條件就能得到改善。在敘述兩晉的漕運路線後，作者認為，漕運事業的實際推動者地方長官和將軍。而管理支配漕運事業的都水使者的實權則比漢代小。關於北魏時代漕運路線的形成，作者分析了北魏朝廷對漕運問題的討論。重點指出，對蔡水、汴水的一部分進行修繕，為以後隋朝大運河的形成和唐代黃河三門峽轉搬法的建立具有影響。

　　還有，日本學者中村圭爾在其《建康的水運》（載《中國水利史論叢》一書，圖書刊行會昭和 59 年 10 月）一文整理了建康城內的水路並歸納了建康水運與商業發展等問題。

　　另外還有許多漕運方面的專著，史念海先生在其《中國的運河》（陝西人民出版社，1988 年版）中通過基本材料勾勒了魏晉南北朝時期漕渠開鑿的基本情況。李治亭在《中國漕運史》（文津出版社民國八十六年版）中將該時期的漕運的情況確定為「地區性漕運」，即「漕運沒能在兩漢的基礎上繼續發展，因長期分裂而處於停滯狀態，基本上沿襲漢代的某段漕運，個別的開鑿運道，都是小規模的，不具有重大的經濟價值。如從全局而言，在局部還是有一定的發展的。總的來說，這個時期無法形成全國範圍的漕運，恰恰相反，僅限於各自的統治地區。」陳峰的《漕運與古代社會》（陝西人民出版社，2000 年版）陳峰在其著作中就漕運在封建社會中的發展作了規律性的探討，他認為，「縱觀中國漕運的演變史，我們可看到這樣明顯的現象，即：在統一王朝時期，漕運彷彿吸足了養料，充滿了勃勃生氣；到了分裂割據之時，漕運如同營養嚴重不良一樣，萎靡不振，甚至氣息奄奄。」吳琦先生也持同樣的認識，

在其專著《漕運與中國社會》（華中師大學出版社，1999 年版）中，吳琦先生指出：「漕運始於秦漢，但唐代以前漕運的發展水準尚低，漕運主要集中在北方的關中地區，除了極個別的時期外，漕運的規模十分有限；漕運的發展不夠穩定，尤其是秦漢以後經歷了魏晉南北朝時期，造成了漕運的極度萎縮，漕運制度停滯不前。此外，漕運主要利用北方的水道，運程較短。這些因素直接造成了此期漕運在組織管理上的簡單和無序……漕運的實際組織者多是地方官，爲了某次戰役的糧餉供應，有時由武將組織和押解漕運。總之，漕運此時還沒有作爲獨立的部門，沒有專職的職官進行專門的管理。」

關於海上交通，章巽先生在其《我國古代的海上交通》（商務印書館 1959 年版）一書中，敘述了三國時期和兩晉的海上交通線及南朝的海上活動。黎虎先生在《六朝時期江左與東北地區的交通》（載黎先生論文集《魏晉南北朝史論》P440～443，學苑出版社，1999 年 7 月版）。一文中，深入探討了在特定的地理和時代條件下，江左與東北的海上航道的開通及其意義。

關於交通路線的附設機構，即驛傳、關津、館舍等的研究更顯缺乏。樓祖詒編寫的《中國郵驛發達史》（中華書局，1940 年版）和《中國郵驛史料》（人民郵電出版社，1958 年版）敘述了郵驛的路線與設置的情況，甚是簡略。陳橋驛先生在《〈水經注〉記載的津渡》一文中敘述了《水經注》中所載津渡的分佈情況。李祖桓先生在《黃河古橋述略》（《文史》第二十輯）中依據史書記載羅列了從春秋時期到明代黃河上的橋梁建設。此外，張金龍先生在其博士論文《魏晉南北朝禁衛武官制度研究》中探討了北魏後期以來關津尉地位的變化，指出：「護軍統諸關津尉是北魏政府控制地方水陸要衝的制度之一，此制象徵其對地方軍權的掌握。」廖生訓先生在其碩士論文《魏晉南北朝館驛建置探論》中就該時期館驛的建設以及變化做了深入的探討，揭示了館驛發展的特點和變化的原因。

二、選題意義與研究思路

交通系統及其完備程度是檢驗國家生存與強大的重要條件。另外也直接影響著國家的領土規模、行政管理和軍事防禦能力以及經濟與文化的發展。清人康基田在其《河渠紀聞》中指出：「黃初以後迄晉，當時能臣皆以通渠積穀爲備武之道」。雖然他所指的僅爲三國時期，然而，開山鑿路、通渠積穀卻是各個時代統治者們及其「能臣」所共同關心的要務。因此研究交通問題對

於我們瞭解當時的社會發展、時代特點都有十分重大的意義。

交通管理問題是交通體系的重要組成部分，其完備程度直接決定了交通體系的發達與否。秦統一六國以後，在秦始皇「車同軌」的政令下完成了國家對交通的統一規劃。漢承秦制，交通管理同樣是國家的重要施政內容之一，據敦煌懸泉漢簡所載《四時月令詔條》〔註1〕中就有關於交通的相關規定：

> 「修利隄防。謂【築】隄防，利其水道也，從正月盡夏。」二九行

> 「道達溝瀆。謂□浚雍（壅）塞，開通水道也，從正月盡夏。」三○行

> 「開通道路，毋有【障塞】。謂開通街巷，以□□便民，□□□從正月盡四月。」三一行

大一統局面下形成的有法可依的交通管理秩序，使得大家認為這是政局平穩的產物。而魏晉南北朝時期戰亂紛爭，不但使得秦漢以來形成的交通運輸網遭到了破壞，交通管理方面更是沒有章法，處於混亂的狀態。但是結合事實，情況並不完全如此。的確，魏晉南北朝時期戰亂頻仍，社會經濟等各個方面都受到較大摧殘，遑論有何發展，但就交通而言，較之於秦漢，還是有一定發展的。原因有二：一是基於軍事鬥爭的需要，尤其是為了運輸軍需物資與軍隊的調遣，使得該時期的交通狀況呈現出獨特的發展特點，即為了戰爭需要而不斷開鑿戰備道路與漕渠，甚至海上交通同樣得以維繫；二是軍閥割據反而使地方交通更為細密化，使得秦漢承平時期的交通在這一時期得到縱深發展。這兩點也是魏晉南北朝時期交通發展的總體特色。更為值得注意的是西晉裴秀作《禹貢地域圖》十八篇，其緣起為：「大晉龍興，混一六合，以清宇宙，始於庸蜀，采入其岨。文皇帝乃命有司，撰訪吳蜀地圖。蜀土既定，六軍所經，地域遠近，山川險易，征路迂直，校驗圖記，罔或有差。」〔註2〕可見軍事鬥爭的需要加大了對交通問題的關注。此外，裴秀還制定了製圖的六條基本原則：「一曰分率，所以辨廣輪之度也。二曰準望，所以正彼此之體也。三曰道里，所以定所由之數也。四曰高下，五曰方邪，六曰迂直，此三者各因地而制宜，所以校夷險之異也。」〔註3〕裴秀製圖在地圖學上有重大的

〔註1〕 見張德芳、胡平生編撰：《敦煌懸泉漢簡釋粹》六《泥牆題記西漢元始五年〈四時月令詔條〉》，上海古籍出版社，2001年版。

〔註2〕 見《晉書》卷35《裴秀傳》。

〔註3〕 見《晉書》卷35《裴秀傳》。

意義，表明我國地圖學有了巨大的發展。另外又從一個側面充分說明恰恰是分裂擾攘的現實需要對交通條件有了更高的要求，進而對交通的發展起了促進作用。

與此相適應，交通管理也呈現出深刻的時代特點，即交通管理的機構、職官無不帶有軍事色彩。交通管理的內容一般包括交通決策和交通管理機構。交通管理的完備與否是維繫陸路交通線、漕運路線，以及郵驛和關津正常運轉的基礎。

可是從以上研究概況來看對於魏晉南北朝時期交通及交通管理缺乏系統的研究。因此，我計畫通過對該時期主要交通路線和交通管理的機構、職官的分析入手，探討該時期交通管理體制及其特點。以期對魏晉南北朝的交通狀況及其影響有 個全面的瞭解。

正如在前邊研究概述中闡述的那樣，關於該時期交通問題的成果相當少。為此，具體工作只能從基本材料的收集開始。除了「八書二史」及《隋書》外，還有《通典》、《歷代職官表》、《初學記》、《太平御覽》、《華陽國志》、《洛陽伽藍記》、《水經注》、《藝文類聚》等等。另外，還有今人的著作。如王仲犖先生、唐長孺先生、黎虎師、蔣福亞師、史念海先生、高敏先生、韓國磐先生、嚴耕望先生、王子今先生、佐久間吉也先生、前出正名先生等的相關著作。

依據上述材料，我計畫對交通路線和相關的交通管理的職官、機構進行考察，就其分佈、變化等現象作出分析。希望通過考察這些交通路線的形成與交通管理機構的作用，從而能夠瞭解該時期的主要交通路線和交通管理的變化、特點，以及該時期形成的交通網在國家政權中到底起了什麼作用。而這也是本文寫作目的之所在。

第一章 陸 路

　　陸路，一般稱之為公路，是人工修建的具有一定的長度、寬度，可供各種類型的車輛及人畜在陸地上行駛的道路。陸路和水路組成的道路系統將彼此孤立的各個地區連接起來，使之成為一個整體。在這個意義上道路得以成為國家得以存在的基礎。雖然水路相對比陸路易行且運載量大，但河流畢竟是有限的，而且不能處處通達，因此發展、維護龐大的陸路體系就對於政令的暢通、國家的統一與安全及促進各地的經濟文化交流具有十分重要的意義。如所週知，早在先秦時期就將一個國家的道路狀況作為衡量其政治是否良好的準則之一。據《國語》卷二《周語中》記載：「定王使單襄公聘於宋。遂假道於陳，以聘於楚。……道茀不可行，……司空不視塗，……道無列樹……單子歸，告王曰：『陳侯不有大咎，國必亡』。」此外，一系列道路維護的法令在先秦時期已經產生。早在夏代就有「九月除道，十月成梁」的法令；〔註1〕周代時也有「雨畢而除道，水涸而成梁」及「列樹以表道，立鄙食以守路」的有關道路修建與維護的規定。〔註2〕因此，《詩經》在描寫周道時，也就有了「周道如砥，其直如矢」〔註3〕的描述。所以研究陸路交通體系對於瞭解一個國家的政治、經濟、文化的重要性是不言而喻的。

一、陸路交通建設

　　早在秦始皇二十六年（西元前 221 年）統一六國後，在秦始皇公佈的基

〔註1〕 見《國語》卷二《周語中》，上海古籍出版社，1988 年版。
〔註2〕 見《國語》卷二《周語中》，上海古籍出版社，1988 年版。
〔註3〕 見《詩毛氏傳疏》卷 20《小雅‧大東》，〔清〕陳奐疏。商務印書館國學叢書簡編版。

本政策中就有一項「車同軌」〔註4〕的規定，這說明交通建設是國家的主要施政內容之一。兩漢時期同樣在交通建設上頗有建樹，初步形成了以北方爲中心觸及全國主要地區的陸路交通網。

魏晉南北朝時期政治上最突出的現象是分裂和動亂。然而由於軍事鬥爭、民族融合、人口遷移的突出需要在交通建設方面較之於秦漢有了突出的發展。以陸路交通而言，秦漢時期建立的以北方爲中心的陸路交通網，出於軍事鬥爭的需要而不斷得以開拓。而由於南方的不斷開發及經濟的不斷發展，南方的陸路交通建設也從此進入了一個發展時期。另外就是單個區域內的陸路交通建設得以長足發展。這正是在割據政權林立的情況下出現的。割據一方的統治者爲了維護和壯大自身的實力，不遺餘力的加強包括陸路交通在內的交通建設，因此在魏晉南北朝時期區域交通建設的成就是令人矚目的。

東漢末年，曹操在統一北方的過程中非常重視道路交通的建設，除了大力進行漕渠建設外，而且致力於以霸府鄴城爲中心的陸路交通網的建設。其具體走向爲：從鄴城南行，經安陽至黎陽、白馬、陽武，過黃河至官渡、陳留直達許昌。這條交通線形成於官渡之戰前，官渡之戰即是沿該線進行，建安五年（西元200年），袁紹將郭圖、淳于瓊、顏良等攻劉延於白馬，袁紹引軍至黎陽，曹操從許昌北進至官渡、延津一線，解白馬之圍後，還軍官渡，之後雙方戰於官渡，袁紹大敗。〔註5〕西北行，經潼關可達關中。建安十六年曹操西征馬超、韓遂即沿此道，「秋七月，公西征，與（馬）超等夾（潼）關而軍。公急持之，而潛遣徐晃、朱靈等夜渡蒲阪津，據河西爲營。」〔註6〕西行，沿漳水，經壺關，到上黨。建安十一年（西元206年），曹操征高幹，圍壺關三月，拔之，高幹逃奔荊州。〔註7〕

曹操出於軍事需要還整修了若干舊道和開闢了諸多新的道路。如盧龍道，曹操北征三郡烏丸，傍海道由於大雨阻滯而不通，以田疇爲嚮導，「引軍出盧龍塞，塞外道絕不通，乃塹山堙谷五百餘里，經白檀，歷平岡，涉鮮卑庭，東指柳城。」〔註8〕曹操整修的這條盧龍道和秦時修建的傍海道成爲以後東北與中原之間的主要交通要道。建安中，曹操西討馬超、韓遂，「……惡南

〔註4〕見《史記》卷6《秦始皇本紀》。
〔註5〕見《三國志》卷1《魏書・武帝紀》。
〔註6〕見《三國志》卷1《魏書・武帝紀》。
〔註7〕見《三國志》卷1《魏書・武帝紀》。
〔註8〕見《三國志》卷1《魏書・武帝紀》。

路之險，故更開北道，自後行旅，率多從之。」〔註9〕雖然新開了這條北道，但是故有的子午道、儻駱道、褒斜道等道路仍然加以利用。據《三國志》卷9《曹真傳》記載：曹真伐蜀「……從子午道南入。……會大霖雨三十餘日，或棧道斷絕，詔真還軍。」褒斜道一向谷道狹窄，山勢陡峻，景元四年（西元 263 年），鍾會伐蜀，「從駱谷、斜谷入。先命牙門將許儀在前治道，會在後行，而橋穿，馬足陷，於是斬儀」。陳倉道在曹操與張魯、劉備爭奪漢中的鬥爭中尤其發揮了重要作用。建安二十年（西元 215 年）曹操西征張魯，從陳倉出散關，至河池，七月抵陽平擊敗張魯，取道漢中。〔註10〕建安二十三年至二十四年（西元218～219 年）曹操攻漢中，與劉備相持於陳倉道沿線的陽平關、定軍山一帶，經過激戰，曹操失敗，劉備佔據漢中。〔註11〕這些道路在軍事上作為交通要衝的重要地位使得在三國紛爭期間不斷得以整修。

　　曹魏時期，與西域的交通不僅得到恢復，更是開闢了新的道路。據《三國志》卷 30《烏丸鮮卑東夷傳》注引《魏略·西戎傳》記載：「從敦煌玉門關入西域，前有二道，今有三道。從玉門關西出，經婼羌轉西，越蔥領，經縣度，入大月氏，為南道。從玉門關西出，發都護井，迴三隴沙北頭，經居盧倉，從沙西井轉西北，過龍堆，到故樓蘭，轉西詣龜茲，至蔥領，為中道。從玉門關西北出，經橫坑，闢二隴沙及龍堆，出五船北，到車師界戊己校尉所治高昌，轉西與中道合龜茲，為新道。」這些道路的通暢加強了中原和西域的聯繫。

　　而陰平道則是曹魏修建的一條入蜀的通道，其開通則是基於伐蜀的要求。鄧艾入蜀即走這條路，「艾自陰平道行無人之地七百餘里，鑿山通道，造作橋閣。」〔註12〕由於該道繞開了劍閣關，所以鄧艾軍能收出奇不意之效，經江油、綿竹直撲成都，而劉禪措手不及，只得投降。

　　與曹魏一樣，蜀國也對道路建設十分重視，其陸路交通在戰爭的需要下同樣得以發展。如金牛道，自古就是入蜀的要道。《讀史方輿紀要》卷 56 記載：「金牛道今之南棧，自沔縣而西南至四川劍州之大劍關口，皆謂之金牛道，即秦惠王入蜀路也。自秦以後，由漢中至蜀者必取途於此，所謂蜀之喉嗌也。……蜀中有難，則金牛數百里間皆為戰場。」諸葛亮為了加強北邊防務，

〔註 9〕　見《水經註》卷 4《河水註》。
〔註 10〕　見《三國志》卷 1《魏書·武帝紀》。
〔註 11〕　見《資治通鑒》卷 68《漢紀》60，建安二十三年～二十四年條。
〔註 12〕　見《三國志》卷 28《鄧艾傳》。

抵抗曹軍南下，對金牛道進行了修治，劍閣是金牛道上最險要的地方，「由金牛而南至朝天嶺，嶺地最高。由嶺而西，自劍閣趨綿、漢，以達成都。由嶺而南，則自保寧趨潼川，以達於成都。保寧迂，而劍閣捷，故劍閣最爲要衝。」〔註13〕另據《劍州志》記載：「大劍山在州北七十里，一名梁山，峭壁中斷，兩崖倚天如劍鋒。漢諸葛亮相蜀，鑿石架空爲飛梁閣道，以便行旅。并於山之中斷處立劍門關，關之絕頂有姜維城爲伯約屯兵處。」〔註14〕劍門關的設立成爲蜀漢安全的屏障。鍾會攻蜀，姜維固守劍閣，鍾會不得進。〔註15〕

蜀地與外地交往的主乾道中，通向西南夷則以旄牛道最爲重要。建興十四年（西元 263 年）越巂太守張嶷與當地旄牛夷首領狼路修好，共同整修旄牛道，《三國志》卷 43《張嶷傳》記載：「郡有舊道，經旄牛中至成都，既平且近；自旄牛絕道，已百餘年，更由安上，既險且遠。嶷遣左右齎貨幣賜（狼）路，重令路姑喻意，路乃率兄弟妻子悉詣嶷，嶷與盟誓，開通舊道，千里肅清，復古亭驛。」這條的道路的開通對於穩固蜀漢對西南的統治，加強與西南的經濟、文化聯繫具有重要意義。而荊襄道則爲蜀國連接北方除金牛道外的又一條重要通道。這條道路西北通關中的武關道，經過漢水，南達荊州，東南達鄂州。因此沿此道向北可達關中與黃河流域；沿此道向南，可抵長江、珠江流域。《通典》卷 177《襄陽郡》記載：「襄陽去江陵步道五百，勢同唇齒，無襄陽則江陵受敵。……北接宛、洛，跨對楚、沔，爲鄢郢北門，部領蠻左。」重要的地理位置使得襄陽對於南北兩方均很重要。關羽爲襄陽太守，攻曹仁、於禁於樊城，克之。「羽威震華夏，曹公議徙許都以避其銳。」〔註16〕司馬懿同樣認識到襄陽的重要性，《晉書》卷 1《宣帝紀》記載：「懿曰：『襄陽水陸之衝，禦寇要害，不可棄也。』」可見襄陽爲南北共同矚目之戰略要地，荊襄道也因此而成爲一條重要的戰略要道。

東晉時期欲通往北方必以彭城爲據點，由彭城北上，可至兗州、青州；西北可達洛陽、長安。淝水之戰後，謝玄乘勢北伐，就是屯兵彭城，分別進攻兗州、青州、冀州等地的，據《晉書》卷 79《謝安傳》記載「玄復率眾次於彭城，遣參軍劉襲攻（苻）堅兗州刺史張崇於鄄城，走之，使劉牢之守鄄

〔註13〕見《讀史方輿紀要》卷 56《陝西五·漢中府》。

〔註14〕見《劍州誌》卷 2《山川》，李榕撰，同治癸酉重修，藏於北京師範大學圖書館。

〔註15〕見《三國志》卷 44《蜀書·姜維傳》。

〔註16〕見《三國志》卷 36《蜀書·關羽傳》。

城。兗州既平，……又進伐青州，故謂之青州派。遣淮陵太守高素以三千人向廣固，降堅青州刺史苻朗。又進伐冀州，遣龍驤將軍劉牢之、濟北太守丁匡據磽磝，濟陽太守郭滿據滑臺，奮武將軍顏雄渡河立營。」劉裕北伐，「……留彭城公（劉）義隆鎮彭城。……冠軍將軍檀道濟等次潼關。三月庚辰，大軍入河。索虜步騎十萬，營據河津。公命諸軍濟河擊破之。公至洛陽。七月，至陝城。龍驤將軍王鎮惡伐木為舟，自河浮渭。八月，扶風太守沈田子大破姚泓於藍田。王鎮惡剋長安，生擒泓。」〔註17〕

　　諸所週知，吳、東晉、劉宋時期的交通雖然運輸憑藉境內豐富的天然河流和人工運河而建立了非常發達的漕運體系，但陸路交通方面亦有相當之發展。現今各類道路交通史多認為該時期「因政權更替頻繁，道路交通方面建樹不多。」〔註18〕然而情況並不是這樣，該時期陸路交通同樣得到了長足發展，除了上述幾條重要的交通幹線外，各地之間幾乎均有陸路相連接。《宋書》卷35、卷36、卷37、卷38《州郡志》就記錄了當時的各地通往京都和州治之間的道路里程，準確反映了當時的陸路交通情況，現根據《宋書‧州郡志》的相關記載，列表如下：

地　　名		至建康（里）	至州治（里）
揚州	會稽	1355	
	吳郡	520	
	吳興	570	
	淮南	140	
	宣城	500	
	東陽	1700	
	臨海	2019	
	永嘉	2640	
	新安	1800	
南徐州	京口	200	
	晉陵	400	175
	義興	490	400
	南琅邪		100

〔註17〕見《宋書》卷2《武帝紀中》。
〔註18〕詳見《江蘇公路交通史》（第一冊），人民交通出版社，1989年版及《廣西公路史》（第一冊），人民交通出版社，1991年版。

徐州	彭城	1000	
	沛郡	1000	60
	下邳	800	180
	蘭陵	1300	200
	東海	670	800
	東莞	1400	700
	東安	1300	700
	琅邪	1100	400
	淮陽	550	500
	鍾離	620	
	馬頭	670	
南兗州	廣陵	180	
	海陵	390	130
	山陽	500	300
	盱眙	500	290
	秦郡	140	180
兗州	泰山	1800	800
	高平	1330	220
	魯郡	1100	350
	東平	1400	500
	濟北	1500	700
南豫州	南譙	500	170
	盧江	631	470
	南汝陰	530	300
	南梁	700	500
	晉熙		800
	弋陽		1100
豫州	汝南	1500	700
	新蔡	1400	600
	譙郡	1200	350
	梁郡		160
	陳郡		760
	南頓	1450	760
	潁川	1800	1000
	汝陽	1400	200

江州	豫章	2100	350
	鄱陽	2060	
	臨川	3000	1020
	廬陵		1600
	安成		3600
	南新蔡	1880	
	青州	2000	
	濟南	2400	400
	樂安	1800	180
	高密	1600	200
	平昌	1700	200
	東萊	2100	500
	太原	1800	500
	長廣	1950	500
冀州	歷城	2400	
	廣川	1980	160
	清河	1800	110
	樂陵	1800	140
司州	虎牢	1700	
	隨陽	3480	
荊州	天門		600
	汶陽	4100	400
	建平		1000
	永寧	3430	60
湘州	湘東		700
	邵陵		1300
	臨慶	5570	2800
	始建		2630
雍州	襄陽	2100	
	南陽		360
	河南		35

梁州	魏興			1200
	新城			1500
	上庸			2300
	晉壽			1200
	北巴西			1400
	宋熙			700
益州	廣漢			600
	巴郡			500
	汶山			100
	犍爲			90
	晉原			120
	安固			130
	新城			「關」〔註19〕
	南晉壽			120
	東江陽			1580
寧州	寧州	13300		
	晉壽			730
	牂柯			1500
	夜郎			1000
	朱提			720
	建都			2000
	西平			2300
	西河陽			2500
	東河陽			2000
	雲南			1500
	興寧			1500
	興古			2300
廣州	新會			350
	義安			3500

〔註19〕見《宋書》卷38《州郡四》。

《宋書·州郡志》上起三國，下至劉宋，記載了從三國、兩晉到劉宋時期的地理沿革。〔註20〕而其記載的陸路交通則計算了以建康和各州治爲中心通往各郡的精確里程數，明確地反映了南方陸路交通發展狀況。茲根據上表就此做一歸納：

1、以建康爲中心的交通樞紐和網絡：

東南方向可通往會稽、吳郡、吳興、東陽、晉陵、義興；

東北方向可通往東莞、東安、琅邪、廣陵、海陵、山陽、秦郡、青州、高密、平昌、東萊、長廣；

西北方向通往彭城、沛郡、下邳、蘭陵、東海、淮陽、馬頭、鍾離、盱眙、泰山、高平、魯郡、東平、濟北、南梁、汝南、新蔡、譙郡、南頓、汝陽、汝陰、歷城、義陽、隨陽；

西南方向通往淮南、宣城、南譙郡、廬江、南汝陰、晉熙、潁川、豫章、鄱陽、臨川、廬陵、南新蔡；

正東至京口；

正南至新安；

正西至弋陽；

正北通往濟南、太原、清河、樂陵。

可以發現以建康與交通樞紐所構成的密佈於南方的陸路交通體系極爲發達，西南到達寧州（今雲南曲靖）；最北達冀州歷城（今山東濟南）；西北至雍州襄陽（今湖北襄樊）；東南至臨海（今浙江臨海）。

2、以各州州治爲中心的陸路交通情況：

徐州彭城向西至沛郡；向東至下邳；西北至蘭陵；東南至淮陽；東北通往東海、東莞、東安、琅邪。

南兗州廣陵北至山陽；東北至海陵；西北至盱眙；正西至秦郡。

兗州瑕丘東北至泰山；東至魯郡；南至高平；西北通往東平、濟北。

南豫州宣城西北通往南譙、廬江、南汝陰、南梁、弋陽；西南至晉熙。

豫州睢陽西至汝南、梁郡；西北通往新蔡、譙郡、陳郡、南頓、潁川、汝陽。

江州尋陽西南至安城；南至豫章、臨川、廬陵。

〔註20〕《宋書》卷35《州郡一》記載：「且三國無誌，事出帝紀，雖立郡時見，而置縣不書。今唯以《續漢郡國》校《太康地志》，參伍異同，用相徵驗。」

青州東陽西至濟南；北至樂安；南至高密；西南至平昌；東北至東萊；東南至長廣。

冀州歷城東北至樂陵；東南至清河。

荊州江陵西南至天門；北至永寧；西北通往汶陽、建平。

湘州臨湘西南通往湘東、邵陵、臨慶、始建。

梁州南鄭東南通往魏興、新城、上庸；西南通往晉壽、北巴西、宋熙。

益州成都北至廣漢；西北通往汶山、南晉壽；南至犍爲；東南通往巴郡、東江陽；西南至晉原；東北至新城。

寧州西至晉寧；東北通往夜郎、牂柯；北至朱提；西北通往建都、西河陽、東河陽、雲南、興寧；東南通往西平、興古。

廣州東北至義安；西南至新會。

以建康爲中心的陸路交通線溝通了南方大部分地區間的聯繫；以各州州治爲中心的陸路交通線溝通了各州內各郡間的聯繫。這爲南方的進一步開發提供了有利的條件。

十六國北朝時期的各政權也在各自所割據的區域內對道路的修建採取了積極的態度。如西晉末期，戰爭頻繁，尤其是中原地區更是戰爭的主戰場，哀鴻遍野，生靈塗炭。西北的涼州由於遠離戰場，局勢相對穩定的原因，故成爲部分中原移民的避難之所。史載「中州避難來者日月相繼……」。〔註21〕「於是天下喪亂，秦雍之民死者十八九，唯涼州獨全。」〔註22〕在這種情況下河西一帶的道路建設較之於以前也得到了加強。盤踞河西的前涼和後涼爲了加強與西域聯繫，對絲綢之路的暢通尤爲重視。前涼時期，張駿「使其將楊宣率眾越流沙，伐龜茲、鄯善，於是西域並降。」〔註23〕維護了絲綢之路的暢通。呂光西征，同樣是爲了維護絲綢之路的暢通。關於呂光西征的路線，史書記載頗爲簡略，《晉書》卷122《呂光載記》曰：「行至高昌，聞堅寇晉，光欲更須後命。部將杜進曰：『節下受任金方，赴機宜速，有何不了，而更留乎！』光乃進及流沙，……進兵至焉者，其王泥流率其旁國請降。……又進攻龜茲城，……戰於城西，大敗之，斬萬餘級。」因此，呂光是通過河西走廊，經敦煌、玉門關西進的。但出玉門關之後的路線卻無法窺其大貌。胡三

〔註21〕見《晉書》卷86《張軌傳》。
〔註22〕《魏書》卷87《張寔傳》。
〔註23〕見《晉書》卷86《張駿傳》。

省認爲：「自玉門出，渡流沙，西行至鄯善，北行至車師。」〔註 24〕蔣福亞師根據就此論斷進行了詳細的考察。蔣先生認爲，呂光是沿絲綢之路的中道行軍的，而且符堅安排長期居住在長安的原鄯善王休密馱、車師前部王彌寘爲呂光嚮導也說明此舉與進軍路線有關，〔註 25〕「因此呂光西征既是一次龐大的軍事行動，又是一次規模盛大的經濟文化交流。」〔註 26〕

當時，從關中往西的陸路交通主要有兩條：一是從關中過隴山，經河西走廊入西域，稱之爲「河西路」；一是從關中北上經陰山至河西走廊的居延海，向西至西域，稱之爲「居延路」。〔註 27〕在南北朝時期還興起了一條從四川北部經過吐谷渾的河南、青海等地抵達西域和漠北的重要道路，這條道路被稱之爲「河南道」。〔註 28〕這條道路的興起與當時北方的形勢有密切的關係。北魏統一北方後與南方政權相對持；而興起於漠北的柔然又和北魏長期對立。在這種情況下，西域各國與柔然和南朝之間的交往就勢必通過吐谷渾的轄地。劉宋時期柔然和吐谷渾的使者已經出現在建康，並接受封賞。〔註 29〕他們的出使路線就是沿河南道進行的。周偉洲先生也指出：「柔然到宋的使者應是從居延路或蒙古草原南下，經盟國北涼的酒泉或張掖，再經吐谷渾所據河南的澆河，沿西頃山北麓至龍涸，順岷江而下，入蜀。」〔註 30〕黎虎師在《東晉南朝與西北諸國的交往》一文中系統歸納了江左至西北的道路，黎先生指出：「直到東晉時，江左通西北的陸道才得以開通。江左與西北諸國的陸路交通，主要有東、西兩條路線，西路是益州——岷山——河南道，……東路是相對於西路而言的，即雍州——梁州——涼州道。……東路是從建康溯長江、

〔註 24〕 見《資治通鑒》卷 105。

〔註 25〕 見蔣福亞先生著：《前秦史》第四章《符堅統一北方》，第五節《呂光西征》。北京師範學院出版社，1993 年版。

〔註 26〕 見蔣福亞先生著：《前秦史》第四章《符堅統一北方》，第五節《呂光西征》。北京師範學院出版社，1993 年版。

〔註 27〕 見周偉洲先生著：《吐谷渾史》第四節《吐谷渾的政治、經濟和文化》。寧夏人民出版社，1984 年版。

〔註 28〕 見《南齊書》卷 59《芮芮虜傳》記載：「芮芮常由河南道而抵益州。」

〔註 29〕 《宋書》卷 4《少帝紀》記載，景平元年（公元 423 年）「沮渠蒙遜、吐谷渾阿犲並遣使朝貢。庚辰，爵蒙遜爲驃騎大將軍，封河西王。以阿犲爲安西將軍、沙州刺史，封澆河公。」《宋書》卷 46《張邵傳》記載：「元嘉五年……會蠕蠕國遣使朝貢，賊以爲（張）敷，遂執之，……」

〔註 30〕 見周偉洲先生著：《吐谷渾史》第四節《吐谷渾的政治、經濟和文化》，寧夏人民出版社，1984 年版。

漢水經漢中，再由驛道自漢中至長安，由長安抵達涼州。但其時長安被後趙所控制，通過有很大困難，……比較安全的道路是從梁州經仇池去涼州。……西路的具體路線是：從建康溯長江而上，進入巴蜀，走「益州道」而到達成都。從成都北上，走「岷山道」，到達川北門戶龍涸（今松潘），再西北行入「河南道」，經今青海，穿柴達木盆地進入西域。或由龍涸北上進入甘肅岷縣、臨洮而與絲綢之路相會。東晉南朝時東、西路並用，前期以東道為主，後期以西路為主。」〔註31〕可以發現這些道路的出現與北方各政權把持了原先的道路，南方政權欲交通西域只有另闢蹊徑，重新開拓新的道路。這種情況則是在國家分裂，割據狀況持續的形勢下所出現的。

北方陸路交通建設在北魏時期又得到了一次長足的發展。拓跋珪時攻佔晉陽後，命於栗磾開井陘道。據《魏書》卷31《於栗磾傳》記載：於栗磾「後與寧朔將軍公孫蘭領步騎二萬，潛自太原從韓信故道開井陘路，襲慕容寶於中山。既而車駕後至，見道路修理，大悅，即賜其名馬。」這條道路成為拓跋珪進入冀州的要道。天興元年（西元398年）「車駕將北還，發卒萬人治直道，自望都鐵關鑿恒嶺至代五百餘里。」〔註32〕加強了代的統治中心地位。拓跋燾時期，繼續進行修道事業，太延二年（西元436年），令張黎徵發定州七郡士卒12000人修通莎泉道。〔註33〕莎泉道也被稱為靈丘道，大致走向為沿滱水自北而南。據《水經注》卷11《滱水註》記載：「滱水出代郡靈丘縣高氏山，……又東，合溫泉水。……又東，泉水注之，水導源莎泉，南流，水側有沙泉亭，東南入於滱水。又東逕靈丘縣故城南。……又東逕倒馬關，……滱水自倒馬關南流，與大嶺水合，……東北流，歷兩嶺間，……宋齊通和，路出其間。」第二年，宋齊兩國的貢使便開始沿著莎泉道西行，經過靈丘、莎泉赴平城朝貢。為此，孝文帝於太和六年（西元482年）「秋七月，發州郡五萬人治靈丘道。」〔註34〕此舉可能與意欲進一步加強南北交往的意圖有關。此外，文成帝和平二年（西元461年）三月，「是月，發并、肆州五千人治河西獵道。」〔註35〕宣武帝於正始

〔註31〕見黎虎先生著《魏晉南北朝史論》，學苑出版社，1999年版。

〔註32〕見《魏書》卷2《太祖道武帝紀》。

〔註33〕見《魏書》卷4《世祖紀》。另外，前田正名就莎泉的位置以及莎泉道的走向進行了考察，詳見其著《平城歷史地理學研究》第四章《以平城為中心的交通網》第五節《平城至河北的交通路線》。

〔註34〕見《魏書》卷7《高祖孝文帝紀上》。

〔註35〕見《魏書》卷5《高宗紀》。

四年（西元 507 年）八月「甲子，開斜谷舊道。」〔註36〕孝明帝正光年間（西元 520～525 年）修治黑山道。〔註37〕這些道路的建設與北魏國力的增強有密切的關係，進一步鞏固了北魏的統治。魏孝文帝遷都洛陽以前，就形成了以平城為中心的陸路交通網。〔註38〕

北魏遷都洛陽後，洛陽即成為重要的交通樞紐，除了洛陽城內馳道縱橫，行動迅捷以外，〔註39〕還形成了以洛陽為中心的貫穿北方的陸路交通系統，甚至延伸到了高麗、疏勒、于闐、婆羅、波斯等國。〔註40〕

北魏後期的陸路交通建設以晉陽為中心，亦成效卓著。晉陽為尒朱榮和高歡起家之地，是他們的政治、軍事重心的依託。汪波詳細考察了以晉陽為中心的四條交通幹線：「1、晉陽至鄴。晉陽東南行至襄垣，出壺口關，越太行山，入滏口，東南行六十餘里到達鄴城。2、晉陽至洛陽。由晉陽出發，南行四百五十里至上黨，南微西行九十里至高都，再南經太行關到達河內，又南行經河陽、河陰就到達洛陽。3、晉陽至長安，有兩條道路：一條至龍門，由龍門沿黃河東岸南行，經蒲津渡過河，再循渭水北岸經蒲州、同州至長安。另一條在絳州接涑水河，循河南行至黃河，在蒲津與上條路接軌。4、晉陽至平城。遷都洛陽後，晉陽就成為中原與平城與北方與西域聯繫的紐帶。而自古以來，自晉陽往北，越過雁門，經馬邑、平城、雲中前往陰山，是中原向

〔註36〕見《魏書》卷 8《世宗紀》。

〔註37〕見《魏書》卷 58《楊椿傳》記載：「椿在州，因治黑山道餘功，伐木私造佛寺，役使兵力，為御史所劾，除名為庶人。」

〔註38〕前田正名就認為，「自平城出發有一條經長川、牛川、白道而通往漠北的道路，還有一條翻越句注山、雁門關，沿汾河南下的交通路線。對於西域方面，則有一條經過鄂爾多斯沙漠東南邊緣地區，沿秦州路和河西路通往西域各國的道路，璀璨奪目的西域珍寶就是通過這條商路被帶到平城的。對於東北方面各國，可以經由上谷、密雲、龍城等地前往，也可以經由陽高、天鎮、張家口而由多倫轉往。特別是有一條重要交通路線通向東南方向，即自平城南下，經今渾源縣，過當時的莎泉、靈丘，沿滱水流域東南行，翻越倒馬關，抵中山城。中山城位於太行山脈東麓，地當沿此山脈東麓通往東北方面和河南方面的交通要衝。因此，沿這條捷徑自平城來到中山城，就等於走上了沿太行山脈東麓的通衢大道，或者可以說已經來到了河北平原的大門。這條道路把北魏國家的根據地和至關重要的河北農業生產地區連在了一起。」參其著《平城歷史地理學研究》第四章《以平城為中心的交通網》第一節《前言》。

〔註39〕關於洛陽城內馳道的情況，詳見後文相關論述。

〔註40〕詳見金大珍博士論文《北魏洛陽城市風貌研究》第二章《洛陽社會風貌》第二節《洛陽的交通風貌》，文藏北京師範大學圖書館。

北發展的重要交通路線,也是中央軍隊出征漠北的重要行軍乾道。……此外,還有一條向北越過雁門關,抵達今山陰縣,並由此經應縣、懷仁縣,到達大同的大道。」〔註41〕

　　北魏與西域之間的交通也一直保持著暢通。在北魏建都平城的初期,主要經由居延路和沿河西走廊進入西域。北魏分裂以後,形成東魏、西魏,北齊、北周對持的局面。東魏、北齊與西域的聯繫卻沒有因西魏、北周佔據河西而中斷,據《魏書》卷 101《吐谷渾傳》記載:「興和中,齊神武作相,招懷荒遠,蠕蠕既附於國,誇呂遣使致敬。」這說明吐谷渾是通過柔然至東魏、北齊的。從吐谷渾與中原的通商活動來看,吐谷渾不僅充當西域胡商的嚮導,而且開闢了一條通過吐谷渾統治中心伏俟城,然後東入河西走廊,北上至居延路,再沿陰山南下直道鄴城的交通路線。《周書》卷 50《吐谷渾傳》記載,魏廢帝二年(西元 553 年)「是歲,誇呂又通使於齊氏。涼州刺史史寧覘知其還,率騎襲之於州西赤泉,獲其僕射乞伏觸板、將軍翟潘密,商胡二百四十人,駝騾六百頭,雜彩絲絹以萬計。」周偉洲先生據這條材料得出以下結論:「(1)、吐谷渾與東魏、北齊通使貿易,是橫切河西走廊,由涼州西赤泉,北入柔然,然後至東魏、北齊。(2)、吐谷渾使者一行由其國重臣僕射、將軍率領,且帶有西域商胡二百四十人,駝騾六百頭,雜彩絲綢以萬計。可見,吐谷渾與南、北各政權的通使,實質上是一種貿易關係,而吐谷渾作為中西貿易中繼者和嚮導的作用是名副其實的。(3)、這些商胡顯係西域商人,他們在吐谷渾人的引導下,從西域到吐谷渾一段必定走的青海路,然後冒著風險橫切河西走廊。不幸的是,這一次為西魏涼州刺史史寧所截獲。(4)、從商胡由北齊帶回的貨物是絲綢看,當時中西貿易絲綢是主要的商品,青海路成為著名的絲綢之路一段,也是名副其實的。」〔註 42〕這個結論是可信的,說明吐谷渾在其轄區開拓的幾條道路在中西交流方面發揮了重要的作用,使得吐谷渾在中西交通史上佔有重要的地位。

　　由此我們也可以發現,魏晉南北朝時期道路建設的一個突出特點是邊遠少數民族地區的交通得以開發,西南、東南、東北地區與中原的聯繫也因此

〔註41〕詳見汪波著《魏晉北朝并州地區研究》第一章《并州概說》第三節《以晉陽為中心的交通和貿易》,人民出版社,2001 年 9 月版。

〔註42〕見周偉洲先生著《吐谷渾史》第四節《吐谷渾的政治、經濟和文化》,寧夏人民出版社,1984 年版。

而得以大大加強。不僅如此，道路建設也大大促進了少數民族的封建化進程。這一點在北魏時期表現的尤爲突出。在拓跋珪統治期間，拓跋部不僅完成了建國，而且接觸到先進的漢文化，使得其社會性質逐步發生了變化，「登國初，太祖散諸部落，始同爲編戶」〔註43〕這些舉措在一定程度上促進了拓跋部的封建化。此外，置臺省、任用漢族官僚等措施又進一步加強了拓跋部的封建化進程。皇始三年（西元398年），拓跋珪在平城舉行登基大典後不久，便改元「天興」，頒佈了一系列象徵封建皇權的政令，其中就有「標道里」這一項涉及到交通建設的措施，北魏的道路建設及其管理從此有了新的發展。

在魏晉南北朝時期的陸路交通狀況中還有一個值得注意的特點就是馳道雖然在規模和形制上與秦漢時期相比大大萎縮，而先秦時期出現的棧道卻有極大的發展。

馳道，秦漢以後也稱御道、御路、中道等。〔註44〕前邊已述，馳道形成於秦始皇二十七年（西元前220年）。其主要情況，《漢書》卷51《賈山傳》記載：「爲馳道於天下，東窮燕齊，南極吳楚，江湖之上，瀕海之觀畢至。道廣五十步，三丈而樹，厚築其外，隱以金椎，樹以青松。爲馳道之麗至於此，使其後世曾不得邪徑而託足焉。」關於馳道的形制，學界有過爭論。〔註45〕我認爲馳道修建的不僅僅在於爲了秦始皇巡幸天下，而更多的是爲了標榜「使其後世曾不得邪徑而託足焉」這一理念，即以道路的規定形制來體現皇權的權威。李斯入獄後，在自陳個人功績時就有「治馳道，興遊觀，以見主之得意。」〔註46〕這一項。這句話深刻體現了李斯建馳道的初衷，即以馳道爲憑藉，通過巡幸遊觀，來達到維護皇權崇高、威嚴的目的。所以，馳道已不僅僅是一種陸路形式，而在一定程度上成爲皇權的標誌。秦馳道所經範圍極廣，「東窮燕齊，南極吳楚，

〔註43〕見《魏書》卷113《官氏志》。
〔註44〕隋孔穎達註《禮記》，涉及至君、大夫、士遇凶年自貶損，以示憂民時有「馳道不除」一項。穎達曰：「馳道，如今之御路，君馳走車馬之處。」詳見孫希旦〔清〕撰《禮記集解》卷5《曲禮下第二》，中華書局，1989年版。《史記》卷6《集解》應劭曰：「馳道，天子道也，道若今之中道然。」
〔註45〕勞榦先生懷疑《賈山傳》的真實性，認爲：「或有辯士誇飾之言，未敢即引爲信據。即令有之，亦始皇巡幸時方有此制，非平時所應有。」詳見其《論漢代之陸運與水運》一文，《歷史語言研究所集刊》第16本，商務印書館民國36年版。王子今先生結合考古資料，認爲賈山關於馳道規模的記述，並非虛言。見其《秦漢交通史稿》第一章《秦漢交通道路建設》，中共中央黨校出版社，1994年版。
〔註46〕見《史記》卷87《李斯列傳》。

江湖之上，瀕海之觀畢至。」西漢亦然，馳道遍及「天下郡國」，甚至向北延伸到安定、北地一帶，向南延伸至零陵一帶。〔註47〕

　　魏晉南北朝時期雖然時逢戰亂，各項制度破壞嚴重，馳道也不例外遭到了巨大的破壞，無論在規模上還是在形制上均不及秦漢時期的壯麗恢宏，大多集中在霸府都城之中。曹操霸府鄴城就有馳道，據左思《魏都賦》記載：「馳道周屈於果下，延閣胤宇以經營。」〔註48〕孫吳也有馳道存在，亦據左思《吳都賦》：「馳道如砥，樹以青槐，互以綠水。玄蔭耽耽，清流亹亹。」〔註49〕這從一個方面反映了馳道制度在當時仍然具有重大的影響。

　　西晉時期同樣存在馳道，據《太平御覽》卷195引陸機《洛陽記》曰：「宮門及城中大道皆分作三，中央御道，兩邊築土牆，高四尺餘，外分之，唯公卿、尚書、章服從中道，凡人皆行左右。左入右出，夾道種榆槐樹。此三道四通五達也。」這條材料反映出西晉時馳道也稱中道，有嚴格的管理制度，規定了馳道只有公卿、尚書等高級別的官員才可接近；而且築有土牆與外界隔離，以保證安全。此外，還有諸如馳道上的通行速度；不得隨意穿行馳道等規定，反映出了濃厚的專制色彩。〔註50〕

　　東晉時馳道在政治上的意義更為突出，從東晉「義熙中，宮城上及御道左右皆生蒺藜……雖有宮室馳道，若空廢也，故生蒺藜。」〔註51〕的記載以及《晉書》卷28《五行志中》記載：「海西公太和中，百姓歌曰：『青青御路楊，白馬紫遊韁』……太和末，童謠曰：『犁牛耕御路，白門種小麥。』」看來，東晉時期馳道不僅存在，而且入了民眾的歌謠被用來影射東晉皇權的式微。史載東晉馳道上還種有一定數量的樹木，即行道樹。《晉書》卷29《五行志下》記載，元帝永昌元年（西元322年）「八月，暴風壞屋，拔御道柳樹百餘株。」結合西晉時期在馳道上種榆樹、槐樹的情況，說明兩晉時期的馳道與秦漢時期馳道「三丈而樹，……樹以青松。」的形制是大致相同的，

〔註47〕詳見王子今先生《秦漢交通史稿》第一章《秦漢交通道路建設》，中共中央黨校出版社，1994年版。

〔註48〕見《文選》卷6《左太沖魏都賦一首》，〔梁〕蕭統編，〔唐〕李善註，中華書局，1977年版。

〔註49〕見《文選》卷5《左太沖吳都賦一首》，〔梁〕蕭統編，〔唐〕李善註，中華書局，1977年版。

〔註50〕詳見王子今先生《秦漢交通史稿》第一章《秦漢交通道路建設》，中共中央黨校出版社，1994年版。

〔註51〕見《晉書》卷28《五行志中》。

雖然樹種有所差異。

馳道制度同樣也影響到了少數民族政權，據《晉書》卷 113《苻堅載記上》記載：「高平徐統有知人之鑒，遇（苻）堅於路，異之，執其手曰：『苻郎，此官之御街，小兒敢戲於此，不畏司隸縛邪？』」此事發生於苻堅七歲時，時其祖父苻洪「從石季龍徙鄴，家於永貴里。」說明後趙時，首都鄴城有馳道存在。後秦同樣建有馳道，據《宋書》卷 48《傅弘之傳》記載，傅弘之隨劉裕北伐，「弘之素善騎乘，高祖至長安，弘之於姚泓馳道內，緩服戲馬，或弛或驟，往反二十里中，甚有姿制，羌胡聚觀者數千人，並驚悵歎息。」傅弘之在後秦的馳道里往返二十里，可見這時的長安城內的馳道最少長十里。而且馳道內可以縱橫馳馬，足見其寬敞恢宏。赫連勃勃都統萬，大興土木，「以宮殿大成，於是赦其境內，又改元曰真興。刻石南都，頌其功德，曰：『……通房連閣，馳道苑園……』」〔註 52〕勃勃初定天下，首先考慮的就是律設馳道。說明馳道作為皇權的象徵這一理念已經被胡族統治者所認同。

南朝承東晉之制，馳道同樣時設時罷，斷斷續續地存在著。劉宋時期的馳道設於孝武帝大明五年九月，「初立馳道，自閶闔門至於朱雀門，又自承明門至於玄武湖。」〔註 53〕另據《宋書》卷 41《后妃列傳》記載，「世祖（孝武帝）常使尉司採訪民間子女有姿色者。太妃家在建康縣界，家貧，有草屋梁三間。上出行，問尉曰：『御道邊那得此草屋，當由家貧。』賜錢三萬，令起瓦屋。」這說明劉宋的馳道無論在長度、廣度，甚至形制上與秦漢時期已經相差甚遠，無法比擬了。大明八年秋七月，「乙卯，罷南北二馳道。」〔註 54〕此時孝武帝已亡，前廢帝即位。「罷南北二馳道」的原因很可能與前廢帝即位後隨即採取的「孝建以來所改制度，還依元嘉。」〔註 55〕的舉措有關。《宋書》卷 57《蔡廓傳》記載，前廢帝登基不久，顏師伯、戴法興、巢尚之等人以孝武帝奢侈無度，多所造立，賦調煩嚴，征役過苦之故，「至是發詔，悉皆削除，由此紫極殿南北馳道之屬，皆被毀壞，自孝建以來至大明末，凡諸制度，無或存者。」但是時隔整整一年，永光元年秋八月，「己丑，復立

〔註 52〕見《晉書》卷 130《赫連勃勃載記》。
〔註 53〕見《宋書》卷 6《孝武帝紀》。
〔註 54〕見《宋書》卷 7《前廢帝紀》。
〔註 55〕見《宋書》卷 7《前廢帝紀》。

南北二馳道」〔註56〕其中原因不詳。但罷南北馳道的原因是由於孝武帝「奢侈無度，多所造立，……」而前廢帝本人行事與其父並無二致，所以其復立馳道，很可能也是出於驕奢淫逸的目的。南齊國祚很短，關於其馳道的具體情況記載甚少，但無疑是存在的，《南齊書》卷 45《宗室列傳》記載：「立（蕭道生）寢廟於御道西，陵曰修安。」此外，曹景宗率軍與東昏侯將王珍國激戰，大破之，「景宗軍士皆桀黠無賴，御道左右，莫非富室，抄掠財物，略奪子女，景宗不能禁。」〔註57〕這從一個方面反映出南齊時馳道周圍居住的多爲「富室」與劉宋時期馳道邊有茅草屋的情形似有所不同。蕭梁時期也有馳道，梁敬帝太平元年九月「丁未，中散大夫王彭箋稱今月五日平旦於御路見龍跡，自大社至象闕，互三四里。」〔註58〕但是馳道因爲受到水災的威脅而不得不加高，據《梁書》卷 2《武帝紀中》記載，天監六年八月，「京師大水，因濤入，加御道七尺。」但是傚果似乎不明顯，馳道仍然受到水災的威脅，《梁書》卷 3《武帝紀下》記載，中大通五年「五月戊子，京邑大水，御道通船。」

　　北朝是否存在馳道？正史不載。但從《洛陽伽藍記》中的相關記載可以發現北魏時期洛陽城內外存在著縱橫交錯、四通八達的馳道系統。這些馳道主要集中在洛陽城內外，所經過的地區，主要以佛寺、重要軍政部門爲主。城外馳道根據考古勘探，現已確定了 11 條，分別爲：1、開陽門外大道；2、平昌門外大道；3、西明門外大道；4、西陽門外大道；5、閶闔門外大道；6、承明門外大道；7、大夏門外大道；8、廣莫門外大道；9、建春門外大道；10、東陽門外大道；11、青陽門外大道。〔註59〕茲根據《洛陽伽藍記》的相關記載，特繪製復原圖如下：

〔註56〕見《宋書》卷 7《前廢帝紀》。
〔註57〕見《梁書》卷 9《曹景宗傳》。
〔註58〕見《陳書》卷 1《高祖紀上》
〔註59〕見中科院考古所洛陽漢魏城工作隊：《北魏洛陽外廓城和水道的勘查》一文，載《考古》，1993 年 7 期。

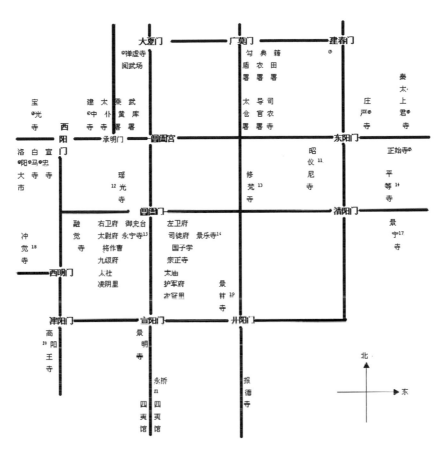

1. 《洛陽伽藍記校註》卷5：「禪虛寺在大夏門御道西。寺前有閱武場，……」
2. 《洛陽伽藍記校註》卷1：「建春門內御道南，有勾盾、典農、籍田三署。籍田南有司農寺。」
3. 《洛陽伽藍記校註》卷4：「寶光寺，在西陽門外御道北。」
4. 《洛陽伽藍記校註》卷1：「建中寺，……在西陽門內御道北，……東有太僕寺，寺東有乘黃署，署東　有武庫署，……」
5. 《洛陽伽藍記校註》卷2：「莊嚴寺在東陽門外一里御道北，……」
6. 《洛陽伽藍記校註》卷2：「秦太上君寺，……在東陽門外兩里御道北，……」
7. 《洛陽伽藍記校註》卷2：「正始寺，……在東陽門外御道西（校註：漢魏本等作御道南。）」
8. 《洛陽伽藍記校註》卷4：「出西陽門外四里，御道南有洛陽大市，周迴八里。」
9. 《洛陽伽藍記校註》卷4：「白馬寺，……寺在西陽門外三里御道南。」
10. 《洛陽伽藍記校註》卷4：「宣中寺，……在西陽門外一里御道南。」
11. 《洛陽伽藍記校註》卷1：「昭儀尼寺，……在東陽門內一里御道南。」
12. 《洛陽伽藍記校註》卷1：「瑤光寺，在閶闔城門御道北，東去千秋門二里。……瑤光寺北有承明門，……」

13. 《洛陽伽藍記校註》卷 1：「修梵寺，在清陽門內御道北。」
14. 《洛陽伽藍記校註》卷 2：「平等寺，……在青陽門外二里御道北，……」
15. 《洛陽伽藍記校註》卷 1：「永寧寺，……在宮門前閶闔門南一里御道西。……北鄰御史臺。閶闔門前御道東，有左衛府。府南有司徒府。司徒府南有國子學堂，……國子南有宗正寺，寺南有太廟，廟南有護軍府，府南有衣冠里。御道西有右衛府，府南有太尉府，府南有將作曹，曹南有九級府，府南有太社，社南有凌陰里，……」
16. 《洛陽伽藍記校註》卷 1：「景樂寺……閶闔門前御道西，望永寧寺正相當。寺西有司徒府，……」
17. 《洛陽伽藍記校註》卷 2：「景寧寺，……在青陽門外三里御道南，……」
18. 《洛陽伽藍記校註》卷 4：「沖覺寺，……在西明門外一里御道北。」
19. 《洛陽伽藍記校註》卷 1：「景林寺，在開陽門內御道東。」
20. 《洛陽伽藍記校註》卷 3：「高陽王寺，……在津陽門外三里御道西。」
21. 《洛陽伽藍記校註》卷 3：「永橋以南，圜丘以北，伊、洛之間，夾御道有四夷館。」

從以上洛陽城內外馳道分佈圖來看，洛陽城內的馳道連接了環繞洛陽城四周的大夏門、廣莫門、建春門、東陽門、清陽門、開陽門、宣陽門、津陽門、西明門、西陽門，這使得其間往來一定極爲迅捷。城內馳道兩邊集中了許多政府官署，如閶闔門前馳道兩邊就有御史臺、太尉府、司徒府、護軍府等；廣莫門南有勾盾署、司農寺、太倉署等，便捷的交通對於提高這些部門的施政效率大有裨益。

綜上所述，魏晉南北朝時期的馳道較之秦漢而言已經從規模上大大縮小，大部分侷限在都城及其附近；從形制上也不如秦漢時壯麗；但是馳道作爲皇權的象徵這一點，卻自始至終存在著。馳道的象徵意義同樣影響到了邊疆少數民族，在他們建立的政權中馳道同樣成爲神聖不可侵犯的皇權的標誌。

先秦時期出現的棧道在魏晉南北朝時期也有極大的發展。棧道是一種特殊的道路形態，又名棧閣、閣道，〔註60〕「棧閣者，山路懸險，棧木爲閣道。」〔註61〕崔浩的解釋爲：「險絕之處，傍鑿山岩，而施版梁爲閣。」〔註62〕諸葛亮描述其形狀爲：「其閣梁一頭入山腹，一頭立柱於水中。」〔註63〕

先秦時期，棧道就已經開始修築，秦國爲了佔據漢中和巴蜀，首先要溝通他們與關中地區的交通，秦嶺和巴山，地勢險峻，無路可通，因此便大力修築

〔註60〕 《史記索隱》曰：「棧道，閣道也。」見《史記》卷 8《高祖本紀》。
〔註61〕 見《後漢書》卷 13《隗囂傳》註。
〔註62〕 見《史記》卷 8《高祖本紀》註。
〔註63〕 見《水經註》卷 27《沔水註》。

棧道，形成「棧道千里，通於蜀漢，使天下皆畏秦。」〔註64〕的局面。秦國在秦嶺上修築的棧道，至少有兩條。如劉邦破秦後，接受項羽封號，稱漢王，就南鄭各地，從長安到南鄭是由杜縣南行，這條道路就是後來子午道的一段。但是劉邦回長安卻行由故道。〔註65〕此外，該時期分佈於秦嶺上棧道還有褒斜道、儻駱道；分佈於巴山上的米倉道；以及分佈於大劍山上的劍閣道。

　　前邊已述褒斜道修築於西漢時期，在靠近斜谷的一段就是著名的斜谷棧道，《資治通鑑》卷60《漢紀52》獻帝初平二年（西元191年）條記載：「（劉）焉乃以（張）魯爲督義司馬，以張修爲別部司馬，與合兵掩殺漢中太守蘇固，斷絕斜谷閣。」胡三省註曰：「斜谷，在漢中西北，今興元府西北入斜谷路，至鳳州界百五十里，有棧閣二千九百八十九間，板閣二千八百九十二間。」；儻駱道則是沿著儻水和駱谷水的河道修建的，這條道路大概開鑿於漢魏之際。〔註66〕米倉道地處巴山山脈之中，此道地勢極爲險峻，爲兵家必爭之地，據《三國志》卷31《蜀書‧劉二牧傳》記載：張魯「仕漢中，斷絕谷閣，殺害漢使。」曹操征張魯，將此地稱之爲「天獄」。〔註67〕因此，米倉棧道最遲於東漢末年就已經存在。〔註68〕

　　關於人門棧道，據今三門峽人門棧道摩崖題刻：「甘露五年二月十六日，治河都匠左貢、□□、石師江洛善、許是□。」〔註69〕以甘露作年號的有西漢宣帝（西元前53～50年）、曹魏高貴鄉公（西元256～260年）、東吳孫皓（西元265～266年）與前秦苻堅（西元359～364年）。有學者認爲「這應當是曹魏時期的題刻，因爲宣帝的甘露只有四年，且題刻字體不類西漢分書；東吳疆域不達此地；而苻秦時期戰爭頻繁，沒有漕運的需要與可能，不會在此修治棧道。」〔註70〕此論斷似有不妥，曹魏時期固然有修治人門棧道的可能性，可是前秦甘露年間同樣也是承平發展時期，關隴經濟的恢復就在此時。

〔註64〕見《戰國策》卷5《秦策三》。
〔註65〕《史記》卷8《高祖紀》：「八月，漢王用韓信之計，從故道。」
〔註66〕見史念海先生：《河山集》（六）《漢中歷史地理》。
〔註67〕《輿地紀勝》卷183《興元府》記載：「孫資曰：『昔武帝征南鄭，取張魯，陽平之役危而後濟。又自往拔出夏侯淵軍。數言南鄭直爲天獄，⋯⋯』。」
〔註68〕張魯南奔巴中即沿此道。見《三國志》卷8《魏書‧張魯傳》。
〔註69〕見《三門峽漕運遺跡》P43《摩崖題刻與碑記》，中科院考古所編著，科學出版社，1959年版。
〔註70〕見《三門峽漕運遺跡》P43《摩崖題刻與碑記》，中科院考古所編著，科學出版社，1959年版。

據《晉書》卷 113《苻堅載記上》記載，苻堅曾經以「關中水旱不時，議依鄭白故事，發其王侯已下及豪望富室僮隸三萬人，開涇水上源，鑿山起堤，通渠引瀆，以漑岡鹵之田。及春而成，百姓賴其利。」這雖然是用於灌漑的農田水利建設，但也反映了苻堅對於水利事業是非常重視的。蔣福亞先生將永興二年至建元二年間（西元 358～366 年）稱為「前秦走向大治」時期。〔註71〕所以在這種背景下前秦是有條件修建人門棧道的。此外，興寧三年（前秦建元元年，西元 365 年）前秦將苻雙等反叛，苻庾據陝城（今三門峽）回應，王猛遣鄧羌、王鑒鎮壓苻庾，攻陷陝城。此次戰鬥也有可能利用人門棧道。無論曹魏還是前秦均有可能修建人門棧道。

這些棧道之中以褒斜道的使用最為頻繁，據《金石萃編》卷 5《開通褒斜道石刻》記載：「永平六年，漢中郡以詔書受廣漢、蜀郡、巴郡徒二千六百九十人，□通褒餘□，太守鉅鹿郡君、部掾治級、王宏、……始作橋格六百二十三間，大橋五，為道二百五十八里，郵亭、驛置、徒司空、褒中縣官寺并六十四所，凡用功七十六萬六千八百餘人，……九年四月成就，益州東至京師去就安穩。」前述《司隸校尉楊孟文石門頌》有「餘谷之川，其澤南隆，八方所達，益域為充」之句，〔註72〕郭榮章先生據此認為，「斜谷道溝通南北，使益州為之充牣。……歷代朝廷整修褒斜道，不僅著眼於關中與漢中之間的交通，而更重要的是著眼於入蜀的通道。」〔註73〕這個結論是有道理的。另外也可見此次工程使得益州與中原間的聯繫更為通暢。

在魏晉南北朝時期以上諸條棧道中仍然以褒斜道為巴蜀與中原間的主要聯繫通道。建興六年（西元 228 年）諸葛亮率軍出祁山，由於街亭失利而被迫退軍。趙雲在經由褒斜道退軍途中燒壞了赤崖以北的棧道，諸葛亮為此寫信給其兄諸葛瑾：「前趙子龍退軍，燒壞赤崖以北閣道。緣谷百餘里，其閣梁一頭入山腹，其一頭立柱於水中。今水大而急，不得安柱，此其窮極不可強也。……頃大水暴出，赤崖以南，橋梁悉壞。時趙子龍與鄭伯苗，一戍赤崖屯田，一戍赤崖口，但得以與伯苗相聞而已。」〔註74〕太和四年（西元 230 年）「秋七月……詔大司馬曹真，大將軍司馬宣王伐蜀。」據《三國志》卷 9《魏書·曹真傳》

〔註71〕詳見蔣福亞師《前秦史》附錄《前秦大事年紀》，北京師範學院出版社，1993年版。
〔註72〕見〔宋〕洪適撰《隸釋》卷第四，中華書局，1985 年版。
〔註73〕見郭榮章先生著《石門摩崖刻石研究》，陝西人民美術出版社，1985 年版。
〔註74〕見《水經註》卷 27《沔水註》。

記載：「眞以『蜀連出侵邊境，宜遂伐之，數道併入可大克也』。帝從其計……眞以八月發長安，從子午道南入。司馬宣王溯漢水，當會南鄭。諸軍或從斜谷道，或從武威入。會大霖雨三十餘日，或棧道斷絕，詔眞還軍。」《三國志》卷22《魏書・陳群傳》同樣記載：「太和中，曹眞表欲數道伐蜀，從斜谷入。群以爲……『斜谷阻險，難以進退……不可不熟慮也。』帝從群議。眞復表從子午道。群又陳其不便……詔以群議下眞，眞據之遂行。會霖雨積日，群又以爲宜詔眞還，帝從之。」另外，《三國志》卷 33《蜀書・後主傳》記載：「（建興）八年秋，魏使司馬懿由西城，張郃由子午，曹眞由斜谷，欲功漢中，丞相亮待之於城固、赤阪，大雨道絕，眞等皆還。」諸葛亮運輸軍糧也沿此道，「（建興）十一年冬，亮使諸軍運米，集於斜谷口，治斜谷邸閣。十二年春二月，亮由斜谷出，始以流馬運……」〔註75〕這些情況均說明魏蜀之間的相互出兵總是圍繞斜谷道一線進行，自然也不排除斜谷道上的棧道。此外還說明諸葛亮治「斜谷邸閣」肯定是在斜谷棧道暢通的前提下才得以進行的。

　　《華陽國志》卷 7《劉後主志》記載：「十一年，魏青龍元年也，丞相亮治斜谷閣，運糧谷口。」結合前邊諸葛亮修赤崖以北閣道，說明諸葛亮北伐時，始終注意斜谷棧道的暢通。〔註76〕諸葛亮病危，令楊儀、費禕、姜維等安排退軍，使魏延斷後，魏延與楊儀積怨頗深，拒不從命，乃「率所領徑先南歸，所過燒絕閣道……」〔註77〕此次閣道被毀後不見修復。景元四年（西元 263 年）鍾會伐蜀「分從斜谷、駱谷入，先命牙門將許儀在前治道，會在後行，而橋穿，馬足陷，於是斬儀。」〔註78〕很明顯此次行軍治道包括對斜谷棧道的整修，但工程質量很差。同年，曹魏政權對褒斜道的褒谷段棧道進行了修治。據《金石萃編》卷24《李苞通閣道題名》記載：「景元四年十二月十日，蕩寇將軍浮亭侯譙國李苞字孝章，將中軍兵石木工二千人，始通此閣道。」景元四年，時值平蜀不久，大規模修治褒斜道具有穩定對巴蜀統治的重要作用。另外該題名下還有《潘宗伯、韓仲元通閣道題名》，其正文爲：「□□伯、韓仲元以泰□六年五月十日造此□□。」〔註79〕潘宗伯、韓仲元事蹟

〔註75〕見《三國志》卷33《蜀書・後主傳》。
〔註76〕見〔唐〕徐堅等撰《初學記》卷 8：「諸葛亮相蜀，鑿石架空，爲飛梁閣道，以通蜀、漢。」中華書局，1962 年版。
〔註77〕見《三國志》卷 40《蜀書・魏延傳》。
〔註78〕見《三國志》卷 28《魏書・鍾會傳》。
〔註79〕晏袤跋文考證此爲泰和六年事，「是歲蜀建興十年。先以泰和四年魏司馬懿伐

不詳，但也說明從曹魏到晉初對褒斜棧道的整修一直不曾中斷。甚至到太康元年（西元 280 年）對褒斜棧道的整修仍在進行。〔註80〕

　　永嘉之亂以後，中原喪亂，晉室南遷，褒斜棧道日趨毀廢。直到北魏正始四年（西元 507 年）九月「甲子，開斜谷舊道。」〔註81〕關於此事，《魏書》記載過於簡略，無法窺其大貌。《魏書》稱該道爲「斜谷舊道」，似有重新修復斜谷道之意。但嚴耕望先生認爲此次「開斜谷舊道」非整修舊道，實爲北魏新開的另外一條棧道，嚴先生稱其爲「迴車道」。〔註82〕郭榮章先生認爲這是褒斜道的一次改道。〔註83〕考察兩位論述，大致相同。北魏時羊祉、賈三德整修的褒斜道，其南段仍由褒谷上溯，但不沿褒水正源入斜谷，而沿褒谷上源的另一支流至迴車，這條路即迴車道。這條棧道的之所以形成，可能與褒斜道荒廢日久有關。而迴車道之北有陳倉故道可利用，近便易通，於是修迴車道以應急。

　　關於迴車道的修建，《金石萃編》卷 27《石門銘》記載：「此門蓋漢永平中所穿，將五百載。……通塞不恒。自晉氏南遷，斯路廢矣。……皇魏正始元年，漢中獻地，褒斜始開。……三年，詔假節龍驤將軍督梁秦諸軍事梁秦二州刺史泰山羊祉，……表求自迴車已難，開創舊路，……詔遣左校令賈三德領□□□□□……，共成其事。……起四年十月十日訖永平二年正月畢工。閣廣四丈，路廣六丈，……自迴車至谷口三百餘里，……魏永平二年太歲正月己卯朔卅日戊申，梁秦典籤太原郡王遠書。」〔註84〕主持該工程的羊祉，早在景明四年（西元 503 年）就以梁州軍司身份鎮壓氐亂；在正始二年時參與征蜀，爲龍驤將軍、益州刺史；後以龍驤將軍領秦梁二州刺史。可見羊祉對於巴蜀一帶的情況極爲瞭解。更加引人矚目的是羊祉於景明初（西元 500 年）曾任將作都將，〔註85〕

　　　　蜀，五年蜀諸葛亮圍祁山，……秋七月亮復軍。明年亮休士作木牛流馬，故魏人得入褒谷治橋閣矣。詳見《褒斜道石門附近棧道遺跡及題刻的調查》載《文物》，1964 年 11 期。

〔註80〕《全唐文》卷 794《孫樵集》載《興元新路記》記載有孫樵發現西晉修整褒斜道的石刻：「其側則曰：『太康元年正月二十九日。』」

〔註81〕見《魏書》卷 8《世宗紀》。

〔註82〕見嚴耕望先生著《唐代交通圖考》第三卷《秦嶺仇池區》，篇十九《漢唐褒斜驛道》，中央研究院歷史語言研究所專刊之八十三。中華民國 74 年。

〔註83〕見郭榮章先生《石門摩崖刻石研究》，陝西人民美術出版社，1985 年版。

〔註84〕郭榮章先生在《石門摩崖刻石研究》中就此《石門銘》依據原刻重新訂正了《金石萃編》、《褒中古蹟集略》的「舛誤」，但鑒於本文所載與郭先生之考訂並無二致，故仍以《金石萃編》爲主。

〔註85〕見《魏書》卷 89《酷吏‧羊祉傳》。

對於土木工程很可能具備一定的專業知識。之後，迴車道得以頻繁利用，《周書》卷2《文帝紀》記載，大統十七年（西元 551 年）十月，遣「大將軍達奚武出散關，伐南鄭。」《元和郡縣圖志》卷 22《山南道三・梁泉縣》記載此事，謂達奚武、楊寬率眾七萬「由陳倉路取迴車戍，入斜谷關，出白馬道，……」西魏恭帝元年（西元 554 年）迴車道被焚毀，同年崔猷修復。〔註 86〕《資治通鑑》卷 165 梁承聖元年條載：「魏宇文泰命侍中崔猷開回車路，以通漢中。」《周書》卷 35《崔猷傳》記載此事：「魏恭帝元年，太祖欲開梁漢舊路，乃命猷督儀同劉道通、陸騰等五人，率眾開通車路，鑿山堙谷五百餘里，至於梁州。」《北史》卷 32《崔猷傳》與之同。而他們與《通鑑》作「回車路」均不同，而胡三省亦以為《周書》、《北史》中的「通」字正確，謂「前史蓋誤以通字為迴，傳寫者又去其傍為回也。」嚴耕望先生據前引北魏《石門銘》記載和《元和郡縣圖志》的相關記載，認為《通鑑》記載無誤，應作「回車路」。〔註 87〕

　　劍閣道，據《華陽國志》卷 2《漢中志》記載：「漢德縣有劍閣道三十里，至險，有閣尉，桑下兵民也」閣尉，很可能是管理劍閣道的專門職官。劍閣道在清水之上，《水經注》卷 20《漾水註》記載：「清水……又東南經小劍戍北，西去大劍三十里，連山絕險，飛閣通衢，故謂之劍閣也。張載銘曰：『一人守險，萬夫趑趄。』信然。故李特至劍閣而歎曰：『劉氏有如此地而面縛於人，豈不奴才也。』」該棧道由諸葛亮所建，《元和郡縣圖志》卷 33《劍州道》：「劍閣道，自利州益昌縣界西南十里至大劍鎮合今驛道。秦惠王使張儀、司馬錯從石牛道伐蜀，即此也。後諸葛亮相蜀，又鑿石駕空為飛梁閣道以通行路。」另據《劍州志》卷 2《山川》記載：「大劍山在州北七十里，一名梁山，峭壁中斷，兩崖倚天如劍鋒。漢諸葛亮相蜀，鑿石架空為飛梁閣道，以通行旅。」〔註 88〕可見劍閣道依其絕險的地理優勢而在軍事上尤其受到重視。

　　總之，魏晉南北朝時期是棧道建設的發展時期，其特點表現為：1、棧道使用非常頻繁。2、棧道多集中在秦嶺、巴蜀地區。除褒斜道以外，有棧道遺跡的「故道」、「子午道」、「陰平道」等均集中在此區域。3、棧道形制多樣化。

〔註 86〕「西魏恭帝元年四月，樂熾焚路。同年九月崔猷修復。」見《褒斜道石門附近棧道遺跡及題刻調查》引《考留壩府志》卷四。載《文物》，1964 年 11 期。
〔註 87〕見嚴耕望先生著《唐代交通圖考》第三卷《秦嶺仇池區》，篇十九《漢唐褒斜驛道》，中央研究院歷史語言研究所專刊之八十三。中華民國 74 年。
〔註 88〕《劍州志》，李榕撰，同治癸酉重刻本，藏於北京師範大學圖書館。

棧道的建設是依照具體的地形進行的，因此在具體施工過程中便產生了不同的建設方法，呈現出不同的棧道形態。〔註89〕

二、陸路交通管理

魏晉南北朝時期由於戰爭頻繁，使得陸路交通在軍事上的作用大爲加強。這一狀況同時成爲陸路交通決策的出發點，權臣——軍事將領、皇帝在決策中起了主導作用。曹操北征三郡烏丸，「秋七月，大水，傍海道不通，田疇請爲嚮導，公從之。引軍出盧龍塞，塞外道絕不通，乃塹山堙谷五百餘里，經白檀，歷平岡，涉鮮卑庭，東指柳城。」〔註90〕可見，盧龍道的修建是由田疇首先提出建議，經曹操親自決策，「塹山堙谷五百餘里」方才得以修建的。同樣具有很強軍事功能的道路還有西征馬超、韓遂時修建的北道也是在曹操的親自決策下修建的。〔註91〕

棧道所處的獨特的地理位置決定了其在軍事上的重要性，因此對它的管理也就呈現出強烈的軍事色彩。前述諸葛亮致信其兄諸葛瑾敘述治褒斜棧道之艱難，其中有「緣谷百餘里，其閣梁一頭入山腹，其一頭立柱於水中。今水大而急，不得安柱，……」這席話同時也說明這段棧道是由諸葛亮主持整修的。魏太和四年（西元230年）曹眞伐蜀，王肅上疏曰：「……又況於深入阻險，鑿路而前，則其爲勞必相百也。今又加之以霖雨，山阪峻滑，眾逼而不展，糧縣而難繼，實行軍者之大忌也。聞曹眞發以踰月而行裁半谷，治道功夫，戰士悉作。……」〔註92〕曹眞入蜀道由斜谷，此次治道而前，必然包括對斜谷棧道的修治。權臣和軍事將領在棧道修治中的決策作用是顯而易見的。

鍾會伐蜀，「先命牙門將許儀在前治道，會在後行，而橋穿，馬足陷，於是斬儀。」〔註93〕同樣鄧艾入蜀，「自陰平道行無人之地七百餘里，鑿山通道，造作橋閣。」〔註94〕均明顯說明了軍事將領在陸路交通中的決策作用。

〔註89〕具體參見《三門峽漕運遺跡》，中科院考古所編，科學出版社，1959年版。《褒斜道石門附近棧道遺跡及題刻的調查》和《褒斜道連雲棧南段調查簡報》二文，均載《文物》，1964年11期。

〔註90〕見《三國志》卷1《魏書・武帝紀》。

〔註91〕見《水經註》卷4《河水註》。

〔註92〕見《三國志》卷13《魏書・王肅傳》。

〔註93〕見《三國志》卷28《魏書・鍾會傳》。

〔註94〕見《三國志》卷28《魏書・鍾會傳》，此外，嚴耕望先生據此將鄧艾開通的這條入蜀通道稱之爲陰平道的「偏道」。見其著《漢唐交通圖考》第四卷

　　皇帝對道路建設的決策權在魏晉南北朝時期依然得以體現。正始七年（西元 246 年）齊王芳的詔書從一個側面反映了這方面的情況。《三國志》卷 4《魏書‧三少帝紀》記載：「吾乃當以十九日親祠，而昨出已見治道，得雨當復更治，徒棄功夫。每念百姓力少役多，夙夜存心。道路但當期於通利，聞乃撾捶老少，務崇修飾，疲困流離，以致哀歎，吾豈安乘此而行，致餍德於宗廟邪？自今以後，明申勑之。」宋孝武帝大明四年（西元 460 年），「遣前朱提太守費沈、龍驤將軍武期率眾南伐，並通朱崖道，並無功，……」〔註 95〕朱崖道雖未開通，但宋孝武帝是參與了決策的。北魏對於道路狀況尤為重視，前述莎泉道、河西獵道、黑山道等均是皇帝以詔令的形式下令修建的。其實早在天興元年（西元 398 年）遷都平城後，在發佈的政令中就有關於道路規劃的內容，據《魏書》卷 2《太祖紀》記載：「八月，詔有司正封畿，制郊甸，端徑術，標道里……」另外，西魏時期，「魏恭帝元年，太祖（宇文泰）欲開梁漢舊路，乃命（崔）猷督儀同劉道通、陸騰等五人，率眾開通車路，鑿山堙谷五百餘里，至於梁州。」〔註 96〕孝文帝時，「南北征巡，有可奏請治道，帝曰：『粗修橋梁，通輿馬便止，不須去草剗令平也。』」〔註 97〕北齊時亦然，據《北齊書》卷 21《封隆之傳》記載：「（孝靜）二年，除（封子繪）衛將軍、平陽太守，尋加散騎常侍。晉州北界霍太山，舊號千里徑者，山阪高峻，每大軍往來，士馬勞苦。子繪啟高祖，請於舊徑東谷別開一路。高祖從之，仍令子繪領汾、晉二州夫修治，旬日而就。高祖親總六軍，路經新道，嘉其省便，賜穀二百斛。」這條材料清楚地反映了陸路交通的決策程序，即封子繪首先「啟」當時的大丞相高歡批准其修路計畫，高歡認可之後，調撥汾州、晉州的民夫，由子繪率領修路，因為身為平陽太守的封子繪欲利用汾州、晉州的民夫必須經過大丞相高歡同意。工程結束後，經高歡檢查，「嘉其省便」，給予獎勵。因此整個工程從決策到執行進行的井然有序。

　　此外，地方各級行政管理機構對各自轄區內的道路建設也具有決策的職能。前述蜀漢越嶲太守張嶷結盟當地土著狼路，「開通舊道，千里肅清，復古亭驛。」使得旄牛道重新恢復交通。蕭梁時，蕭範「出為益州刺史，開通劍

《山劍滇黔區》，中央研究院歷史語言研究所專刊之八十三。中華民國 74 年版。
〔註 95〕見《宋書》卷 97《夷蠻列傳》。
〔註 96〕見《周書》卷 35《崔猷傳》。
〔註 97〕見《魏書》卷 7《高祖紀下》。

道，克復華陽，增邑一千戶，加鼓吹。」〔註98〕他們的決策作用以及同時具備的管理職能在區域交通發展上起了重大的作用。

　　管理機構方面，魏晉南北朝時期陸路管理的主要機構是地方各級行政管理機構，他們對於各自轄區內的交通具有直接的管理責任。孫堅舉兵討伐董卓，兵至南陽，「南陽太守張咨聞軍至，晏然自若。堅以牛酒禮咨，⋯⋯酒酣，長沙主簿入白堅：『前移南陽，而道路不治，軍資不具，請收主簿推問意故。』咨大懼欲去，兵陳四周不得出。」〔註99〕雖然「道路不治」祇是孫堅誅殺張咨的藉口，但也從一個方面說明了地方郡守負責管理其轄區的道路狀況。還有，劉宋元嘉時陸子眞爲海陵太守，「中書舍人秋當爲太祖所委信，家在海陵，父死還葬，橋路毀壞，不通喪車，縣求發民修治，子眞不許。」〔註100〕這說明郡內各縣道路的修治必須得到郡守的同意。

　　地方政府設有專門的道路管理機構，據《宋書》志 8《禮 5》記載：「諸縣尉、關谷塞護道尉，銅印，黃綬。朝服，武冠。江左止單衣幘。」很明顯「關谷塞護道尉」這一職官從東晉以來就是專門的地方陸路管理機構，另外與縣尉同級來看，說明該職官具備一定的執法權力；給予「武冠」說明又表明其屬於武官系統。《全唐文》卷 794《孫樵集》載《興元新路記》也記載了許多負責褒斜閣道事宜的專門地方陸路管理的職官：

　　「閣上岩甚奇，有石刻。其刻云：『褒中典閣主簿王禺；漢中郡道閣縣椽馬甫；漢中郡北部都郵迴通；都匠中郎將王胡；典知二縣匠衛績教；蒲池石佐張梓等百二十人。匠張羌教，褒中石佐泉疆等百四十人。閣道教習常民學川石等三人。凡七十字。其側則曰：太康元年正月二十九日。』」〔註101〕

　　其中，「褒中典閣主簿」和「道閣縣椽」爲專門協助褒中縣令管理閣道事宜的椽屬；「蒲池石佐」和「褒中石佐」爲兩地專門負責棧道施工用石料的官員；都匠中郎將可能爲組織工匠的武官，《後漢書》志 25《百官二》「五官中郎將」條記載：「凡郎官皆主更直執戟，宿衛諸殿門，出充車騎。」都郵即督郵，爲負

〔註98〕見《梁書》卷 22《太祖五王傳》。
〔註99〕見《三國志》卷 46《吳書‧孫破虜討逆傳》。
〔註100〕見《宋書》卷 53《張茂度傳》。
〔註101〕原刻拓片在陝西城固縣發現，所載內容與《興元新路記》有一些異處：《興元新路記》中「椽」原拓爲「掾」，應以原拓爲準。「王禺」，原拓作「王顯」；「迴通」原拓作「迵通」。其餘相同。詳見《褒斜道連雲棧南段調查簡報》，載《文物》，1964 年 11 期。〔唐〕孫樵撰《興元新路記》見《全唐文》卷 794，〔清〕董誥輯，中華書局影印本。

責郵驛的官員，郵驛的暢通與否和交通的關係，最爲密切，因此督郵參與了此次閣道的修治工作

　　北朝的情況同樣如此，也是由地方郡守負責陸路的管理事宜。北魏修建的黑山道就是由其定州刺史楊椿負責執行的，據《魏書》卷 58《楊播傳》記載：「椿在州，因治黑山道餘功，伐木私造佛寺，役使兵力，爲御史所劾，除名爲庶人。」北齊時，杜弼以驃騎將軍、衛尉卿行海州事，「在州奏通陵道並韓信故道。」〔註102〕封子繪爲平陽太守，整修晉州北界霍太山道路，「子繪啓高祖，請於舊徑東谷別開一路。高祖從之，仍令子繪領汾、晉二州夫修治，旬日而就。高祖親總六軍，路經新道，嘉其省便，賜穀二百斛。」〔註103〕太昌初，李愍爲南荊州刺史、當州大都督，「此州自孝昌以來，舊路斷絕，前後刺史皆從間道始得達州。愍勒部曲數千人，徑向懸瓠，從比陽復舊道且戰且前三百餘里，所經之處，即立郵亭，蠻左大服。」〔註104〕西魏末年，韋孝寬爲雍州刺史，「先是，路側一里置一土候，經雨頹毀，每須修之。自孝寬臨州，乃勒部內當候處植槐樹代之。既免修復，行旅又得庇蔭。周文後見，怪問知之，曰：『豈得一州獨爾，當令天下同之。』於是令諸州夾道一里種一樹，十里種三樹，百里種五樹焉。」〔註105〕這清楚地表明了地方行政機構負責管理各自轄區的陸路交通狀況。在中央也有一套管理機構對陸路交通的管理有巨大的影響，此類機構便是司空和將作大匠。

　　司空是修建陸路的主要官員，據《國語》卷 2《周語中》記載：「定王使單襄公聘於宋。遂假道於陳，以聘於楚。……道茀不可行，……司空不視塗，……道無列樹……單子歸，告王曰：『陳侯不有大咎，國必亡』。」另據《後漢書・百官志》司空條記載：「凡營城起邑、復溝洫、修墳防之事，則議其利，建其功。四方水土功課，歲盡則奏其殿最而行賞罰。……凡國有大造大疑，諫諍，與太尉同。」然而隨著秦的統一，中央集權的加強，司空一職多作爲禮儀性的殊榮褒獎功臣，其掌水土營造之職已不明顯。魏晉南北朝時期司空的掾屬中尚有「道橋掾」、「導橋掾」等職，〔註106〕然而作爲早已喪失

〔註102〕見《北齊書》卷 24《杜弼傳》。
〔註103〕見《北齊書》卷 21《封隆之傳》。
〔註104〕見《北齊書》卷 22《李元忠傳》。
〔註105〕見《周書》卷 31《韋孝寬傳》。
〔註106〕《宋書》志 29《百官志上》記載：「司空別有道橋掾。」另外，《晉書》卷 24《職官志》有「司空加置導橋掾一人。」「導橋掾」與「道橋掾」爲同一官職。

交通管理職能的司空的掾屬而言，其管理職能肯定極為有限。

　　將作大匠一般具有修建和維護帝王出行道路的職權，據《通典》卷27《職官九》記載，將作大匠「掌修宗廟、路寢、宮室、陵園木土之功，並樹桐梓之類列於道側。魏晉因之，江左至宋、齊皆有事則置，無事則省。而梁改為大匠卿，陳因之。後魏亦有之。北齊有將作寺，其官曰大匠。後周有匠師中大夫，掌城郭宮室之制；又有司木中大夫，掌木工之政令。」這條材料說明將作大匠主要是維護宗廟、宮室、陵園之間的道路。還有，在迴車道修建過程中賈三德所任「左校令」一職，為將作大匠屬官。據《通典》卷27《職官九》所載，「秦及漢初有左、右、前、後、中五校令，後唯置左、右校令。後漢因之，掌左、右工徒。魏併左校、右校於材官。晉左、右校屬少府。宋以後並有左校令、丞。北齊亦有之。」其掌營構、木作、採材的職能在迴車道的修建過程中起了重要的作用。所以，將作大匠及其屬官在參與交通建設的過程中所起的作用是不可忽視的。

　　然而作為皇權標誌的馳道卻有其獨立的管理系統。馳道的通行有嚴格的規定，不得隨意穿行，這些規定在西漢時就已形成，據《漢書》卷45《江充傳》記載：「充出，逢館陶長公主行馳道中。充呵問之，公主曰：『有太后詔。』充曰：『獨公主得行，車騎皆不得。』盡劾沒入官。」註引如淳曰：「乙令，騎乘車馬行馳道中，已論者，沒入車馬被具。」甚至太子的車馬也不得隨意行馳道中，「後（江）充從上甘泉，逢太子家使乘車馬行馳道中，充以屬吏。」〔註107〕江充時任繡衣使者，職責主要為「督三輔盜賊，禁察踰侈」〔註108〕因此，繡衣使者負責維護西漢的馳道秩序。即使有行走馳道權力，也不可行馳道中央的「三丈之地」，「丞相孔光四時行園陵，官屬以令行馳道中，（鮑）宣出逢之，使吏鉤止丞相掾史，沒入其車馬，摧辱宰相。」註引如淳曰：「令諸使有制得行馳道中者，行旁道，無得行中央三丈也。」〔註109〕鮑宣時任司隸校尉，因此維護京師的馳道秩序也是其職責之一。東漢末年同樣如此，據《三國志》卷19《魏書·陳思王植傳》載：「植嘗乘車行馳道中，開司馬門出。太祖大怒，公車令坐死。由是重諸侯科禁，而植寵日衰。」可見公車令有維護馳道的職責，據《漢官儀》記載：「公車令一人，秩六百石，掌殿門。諸上

〔註107〕見《漢書》卷45《江充傳》。
〔註108〕見《漢書》卷45《江充傳》。
〔註109〕見《漢書》卷72《鮑宣傳》。

書詣闕下者，皆集奏之；凡所徵召，亦總領之。」〔註110〕但其也有監察非法的職能，《後漢書》志 25《百官二》記載：公車令有丞、尉各一人，「丞選曉諱，掌知非法。尉主闕門兵禁，戒非常。」後趙時期的馳道也由職掌京師治安，糾舉違法的司隸校尉管理，據《晉書》卷 113《苻堅載記上》記載：「高平徐統有知人之鑒，遇（苻）堅於路，異之，執其手曰：『苻郎，此官之御街，小兒敢戲於此，不畏司隸縛邪？』」這也說明，御道是有著一套嚴格管理制度的。

　　總之，從魏晉南北朝時期的陸路建設情況可以發現，該時期由於戰爭頻繁，陸路交通的建設多用於軍事目的，即使舊有的道路及其維護也以軍事目的為中心。因此基本上形成了最高當權者——皇帝和軍事將領主要負責陸路交通的建設；地方郡守主要負責管理的體系。以營建宗廟、宮室、陵園為主要職責的將作大匠及其屬官，糾舉非法的公車令、司隸校尉等對馳道的管理均對陸路交通產生了影響，其作用應該值得注意。

〔註110〕見《後漢書》卷 4《孝和孝殤帝紀》。

第二章 漕運——以內河航運爲中心

　　發展水利事業是國家的基本職能，目的是增加農業產量，減少洪澇災害以及促進運輸的便利。中國古代以內河航運爲主的漕運就是大型水利工程的重要組成部分，它和海上運輸共同構成了漕運體系。許慎《說文解字》曰：「漕，水轉穀也。」〔註1〕司馬貞《史記索引》曰：「一云車運曰轉，水運曰漕也。」〔註2〕所以，漕運是封建統治者通過水運，尤其指涌過內河航運進行物資徵調的一種經濟制度。漕運始於秦而亡於清，幾乎貫穿整個封建社會，對於封建統治起了不可估量的作用。《冊府元龜》卷498《邦計部·漕運篇》論述說：「若乃京師大眾之所聚，萬旅百官之仰給，邦畿之賦，豈足充用敘逮於奉辭伐叛，調兵乘部，或約賷以深入，或贏糧而景從，曷嘗不漕引而致羨儲，飛挽而資宿飽。乃有穿渠鑿河乘便利之勢，創法立制極機巧之思。」因此，漕運的興衰直接關係到國家的國計民生，以內河航運爲主的漕運問題自然也就成了歷代統治者關注的首要問題之一。魏晉南北朝時期戰爭的頻繁需要大量的物資徵調，漕運自然成了重要的運輸手段，在這種情況下漕渠建設和漕運管理都有了前所未有的發展，爲隋大運河的開鑿奠定了基礎。

一、漕渠建設

　　魏晉南北朝時期的漕渠建設是在先秦秦漢的基礎上進行的。從先秦至秦

〔註1〕 見《說文解字註》第21卷，許慎撰，段玉裁註。上海古籍出版社，1988年2月第2版。
〔註2〕 見《史記》卷30《平準書》。

漢時期，中原、關中一帶，一直是歷代王朝的中心地帶。這一時期的內河航運以利用天然河道爲主。《禹貢》詳細敘述了戰國及以前的全國主要水運河道。大體如下：

黃河以北的冀州，水運靠黃河；黃河、濟水之間爲兗州，水運自濟水、漯水通黃河；泰山東至海是青州，水運自汶水通濟水，進而通黃河；泰山南至淮水是徐州，水運自淮通泗水，有濟水通黃河；淮水以南至海爲揚州，水運自長江通海，向北入淮通泗，由濟水入黃河；荊山以南是荊州，水運有長江、漢水，及沿江漢間各支流通黃河；荊山以北爲豫州，水運有洛水與黃河；華山以南至黑水爲梁州，水運自嘉陵江轉陸運經過漢水，入渭水通黃河；黃河西至黑水爲雍州，水運沿黃河，可通渭水。〔註3〕

漕渠建設方面，自春秋以來，邗溝和鴻溝成爲兩條重要的水道，溝通了長江、淮河、黃河等主要河流之間的交通，主要將南方的糧食等物資運輸到中原和關中地區。邗溝是吳王夫差爲溝通長江與淮河而開的運河，魯哀公9年秋，「吳城邗，溝通江淮。」杜預就此解釋爲，「築城穿溝，東北通射陽湖，西北至宋口入淮。通糧道也。」〔註4〕可見邗溝的功能一開始就爲了漕運。至於鴻溝卻是個比較複雜的河流系統，鴻溝出於滎陽境內的蒗蕩渠，經圃田澤至大樑向南，這一段始稱「鴻溝」，然後東流接沙水、汴水，分爲兩支：一支由沙水而南，經過潁水、渦水入淮；一支由汴水向東，至徐州附近由泗水入淮。1958年年底出土於安徽壽縣的鄂君啓節從一個側面反映了戰國時期南方的水運狀況。據鄂君啓節的銘文記載，當時楚國的水運路線已經溝通了長江、漢水、洞庭湖流域。〔註5〕這一時期還有一條開鑿時間無法考證的運河，即漕河。據《讀史方輿紀要》卷25《鎮江府‧丹徒縣‧漕河》記載：「自江口至城南水門，凡九里，又南經丹陽縣，至呂城堰百二十四里。相傳秦鑿京峴東南，以洩王氣，即漕渠之始。或曰司馬遷言禹之治水，於吳則通渠三江、五湖。則漕渠之由來久矣。」這些運河和天然水道相溝通，造就了先秦秦漢時期的水運交通網。司馬遷曾對此做一總結：

〔註3〕 見《禹貢錐指》卷2、3、4、5、6、7、8、9、10。〔清〕胡渭著，鄒逸麟整理，上海古籍出版社，1996年版。

〔註4〕 見《春秋三傳》卷16《哀公》，〔西晉〕杜預等註，上海古籍出版社，1987年版。

〔註5〕 鄂君啓節中關於水運的釋文詳見《長江水利史略》編寫組編寫《長江水利史略》，水利電力出版社，1979年10月版。

「滎陽下引河東南爲鴻溝，以通宋、鄭、陳、蔡、曹、衛，與濟、汝、淮、泗會。於楚，西方則通渠漢水、雲夢之野，東方則通（鴻溝）江淮之間。於吳，則通渠三江、五湖。於齊，則通菑濟之間。於蜀，蜀守冰鑿離碓，辟沫水之害，穿二江成都之中。此渠皆可行舟，有餘則用漑浸，百姓饗其利。」〔註6〕

另外一項重大的工程就是靈渠的開鑿。靈渠開鑿於湘、桂間的崇山峻嶺，連接長江、珠江兩大水系，成爲中原與嶺南間唯一的水運路線，對秦始皇統一嶺南起了重大的作用。〔註7〕關於靈渠開鑿的詳細情況卻在漢武帝時才論及。據《史記》卷 112《主父偃傳》記載：「……使監祿鑿渠運糧，深入越，越人遁逃。」

楚漢相爭，蕭何所以功居首位，糧草供給的快捷及時是主要原因。據《漢書》卷 39《蕭何傳》記載：「蕭何轉漕關中，給食不乏。」關中一帶發達的農業給楚漢中劉邦取勝提供了物資保障。張良就關中的農業和漕運的論述深刻說明了這一點，「夫關中，左殽函，右隴蜀，沃野千里，南有巴蜀之饒，北有胡苑之利……河渭漕輓天下，西給京師。諸侯有變，順流而下，足以委輸。此所謂金城千里，天府之國」〔註8〕這也同時成爲西漢定都長安的根本原因。西漢初期，社會經濟凋敝，漕運數量不大，「漕轉山東粟，以給中都官，歲不過數十萬石。」〔註9〕但是隨著社會經濟的發展，漕糧需求也不斷增加，到漢武帝後期漕糧運輸已達 400 萬石，最多時達 600 萬石。〔註10〕內河航運建設就在此時逐漸興起。現將兩漢時期的主要漕渠建設情況列表如下：〔註11〕

渠　名	修建者	修建日期	官　職	資料來源
漕渠	鄭當時	西漢元光六年	大司農	《史記》卷 29《河渠書》
	徐伯		水工	
褒斜（水）道	張卬	西漢武帝時	漢中太守	《史記》卷 29《河渠書》
修鑿砥柱	楊焉	西漢鴻嘉四年	丞相長史	《漢書》卷 29《溝洫志》
引穀水注洛陽	王梁	東漢建武五年	河南府尹	《後漢書》卷 22《王梁傳》

〔註6〕見《史記》卷 29《河渠書》，《漢書》卷 29《溝洫志》記載與之同。
〔註7〕詳見唐兆民著《靈渠文獻粹編》，中華書局，1982 年版。
〔註8〕見《漢書》卷 40《張良傳》。
〔註9〕見《史記》卷 30《平準書》。
〔註10〕見《史記》卷 30《平準書》。
〔註11〕本表僅羅列主要用於內河航運的漕渠，對於以農田灌漑爲主的水利工程不計。

陽渠	張純	東漢建武二十四年	大司空	《後漢書》卷 35《張純傳》
治理西漢水	虞詡	東漢元初二年	武都太守	《後漢書》卷 58《虞詡傳》
汴渠、濬儀渠	王景 王吳	東漢明帝永平十二年	司空掾屬 將作謁者	《後漢書》卷 76《王景傳》及《後漢書》卷 2《明帝紀》
整修滹沱河、石臼河	鄧訓	東漢永平、建初年間	謁者	《後漢書》卷 16《鄧訓傳》
整修汴渠		東漢順帝陽嘉中		《水經注》卷 5《河水註》
整修邗溝	陳敏	東漢順帝永和中		《水經注》卷 30《淮水註》
零陵、桂陽嶠道	鄭眾	東漢章帝建初八年	大司農	《後漢書》卷 33《鄭弘傳》
整修汴渠		東漢靈帝建寧中		《水經注》卷 5《河水註》

　　這些漕渠上進行的物資運輸按其主要功能一般可分為用於軍隊與輜重的運輸和農業區的租賦運輸兩類。秦始皇時期開鑿的靈渠屬於第一類，在漢武帝時，主父偃、嚴助和嚴安都曾說過秦始皇使尉佗屠睢將樓船之士，南功百越，使監祿鑿渠運糧。〔註 12〕直道東漢時期，靈渠的軍事運輸功能仍然在維持。東漢光武帝建武十七年（西元 41 年）馬援征討徵側時就是利用史祿的靈渠舊跡，開湘水六十里以通軍糧等輜重。〔註 13〕而李冰整修的離碓除了農田灌溉、防洪抗澇外，便是租賦運輸了。西漢初期，由於經濟凋敝，沒有大規模的水利建設。漢武帝時期，隨著經濟的發展水運問題逐漸突出，而其重點是供給長安的漕糧運輸。因為到漢武帝時，漕運糧食由幾十萬石增加到百餘萬石，最高達到六百萬石。〔註 14〕前表所列西漢時的漕渠建設就反映了這一點。東漢時的情況則有所變化，主要表現為以黃河的治理為中心。對於黃河支流汴渠的多次治理，防止黃河氾濫，保證漕糧運輸的安全便是東漢時期漕渠建設的重點。

　　兩漢時期漕渠建設的另外一個特點就是主要集中在北方。且以關中地區為中心。這與當時的政治、經濟乃至軍事中心均在北方有關。勞榦先生就此有代表性的論述：「惟秦起西陲，以河渭之間為國家根本，……況西北高原對河濟文化之區勢成居高臨下，農藝之民艱於守禦，有國者不得不悉其國力以

〔註 12〕見《史記》卷 112《主父偃傳》、《漢書》卷 64 上《嚴助傳》和《漢書》卷 64 下《嚴安傳》。
〔註 13〕見《讀史方輿紀要》卷 106《廣西一》。
〔註 14〕見《史記》卷 29《河渠書》。

防胡虜之南侵。於是邦國之政事與軍備皆北重於南，陸重於海；而西北之區遂爲國家首善。」〔註15〕

　　魏晉南北朝時期的漕運狀況，由於材料所限，一些問題一直懸而未決，使得許多學者認爲該時期的漕運在整體上萎縮、沒落，沒有章法可尋。宋人呂祖謙就是這種觀點的代表。他認爲：「所謂漢漕，一時所運，臨時制宜，不足深論。」〔註16〕其所謂「漢漕」，不僅包括兩漢，而且包括曹操當政至曹丕代漢的一段時期。現代學者也深受呂祖謙觀點的深刻影響，他們對於該時期漕運管理的總體看法主要是：

　　（一）在統一王朝時期，漕運的發展生氣勃勃，到了分裂割據之時，漕運便萎靡不振，以魏晉南北朝時期尤甚。吳琦先生在《漕運與中國社會》一書中指出：「每當統一集權王朝強盛的時期，漕運無不興旺發達，而當政權處於分裂割據時期，漕運則衰落頹廢……」〔註17〕陳峰先生也認爲：「當天下出現封建割據形勢時，漕運便陷於萎縮、窒息的境地。　一方面，此時常常形成臣強君弱、內輕外重的政治局面，如孫吳的江東大姓、東晉南北朝的鎮將、刺史及五代時的藩鎮等等……在這樣的局面下，割據王朝對地方財賦的控制，往往力不從心，難以大量征斂褫奪；另一方面，頻繁的割據戰爭，導致了各地物資大量消耗於軍用的結果，能夠供輸皇室的財賦便大爲減少。於是，作爲向國都大規模輸運財賦的漕運，乃趨於萎縮、末落。」〔註18〕李治亭先生持相同觀點，他認爲：「自三國鼎立，到南北朝對峙期間。長達三百多年，漕運沒能在兩漢的基礎上繼續發展，因長期分裂而處於停滯狀態，基本上沿襲漢代的某段漕運，個別的開鑿運道，都是小規模的，不具有重大的經濟價值。」〔註19〕

　　（二）魏晉南北朝時期的漕運主要利用北方的水道，運程較短。在組織管理上呈現出簡單和無序，對後世影響不大。吳琦先生認爲：「漕運始於秦漢，但唐代以前漕運的發展水準尚低，漕運主要集中在北方的關中地區，除了極個別的時期外，漕運的規模十分有限；漕運的發展不夠穩定，尤其是秦漢以

〔註15〕見勞榦先生《論漢代之陸運與水運》，載國立中央研究院編《歷史語言研究所集刊》第十六本。商務印書館民國三十六年出版。

〔註16〕見呂祖謙著《歷代制度詳說》卷4，見文淵閣《四庫全書・子部・類書類》，（臺灣）商務印書館 1983 年版。

〔註17〕詳見吳琦先生著《漕運與中國社會》P25，華中師範大學出版社，1999 年版。

〔註18〕詳見陳峰先生著《漕運與古代社會》P17～18，陝西人民教育出版社，2000 年版。

〔註19〕詳見李治亭先生著《中國漕運史》p62，（臺灣）文津出版社民國 86 年版。

後經歷了魏晉南北朝時期，造成了漕運的極度萎縮，漕運制度停滯不前；此外，漕運主要利用北方的水道，運程較短。這些因素直接造成了此期漕運在組織管理上的簡單和無序……」〔註20〕李治亭先生認爲：「三國時的運河，除了像吳國開鑿的破崗瀆爲後世所沿用，多數都沒有留存下來，對後世的漕運也就沒有什麼影響可言。」〔註21〕

（三）漕運制度極度滯後。吳琦先生認爲：「魏晉南北朝時期，各王國國運短促，統治地域狹小，雖然西晉曾一度統一全國，但不過是曇花一現，加之頻繁的戰爭，各統治者無暇，也無必要關注漕運制度的建設問題。」〔註22〕

但我們發現情況不全是這樣，該時期的漕運事業不但沒有停止，而且在一定程度上有所發展，爲隋大運河的溝通產生了直接影響；另外，其表現出的管理方式與特點更是鮮明地體現了當時的時代特色。

魏晉南北朝時期基於戰爭的需要，特別是爲了運輸以軍糧爲主的軍需物資，使得統治者們都很重視漕運事業。要麼開鑿新的漕渠，要麼在舊有漕渠的基礎上進行修繕，形成了一個地跨南北，溝通海河、黃河、淮河、長江等主要河流的漕運網。這個漕運網的形成肇始於曹魏，曹魏的漕渠建設之頻繁，在魏晉南北朝時期實屬罕見。清人康基田在其《河渠紀聞》中論及與此時，將曹操霸業的成功歸結爲「始於屯田，而成於轉運」。對於屯田的功效，康氏無疑有所誇大。〔註23〕但漕運在當時所起的作用卻是不爭的事實。康基田在總結西晉統一前的漕運狀況時指出：「黃初以後迄晉，當時能臣皆以通渠積穀爲備武之道」。〔註24〕他的這個論斷其實是適用於整個魏晉南北朝時期的。現將各朝代重點修治的漕渠列表如下：

渠　名	修建者	修建日期	官　職	資　料　來　源
睢陽渠	曹操	建安七年	司空、車騎將軍。	《三國志》卷1《武帝紀》
白溝	曹操	建安九年	司空、車騎將軍。	《三國志》卷1《武帝紀》

〔註20〕詳見吳琦先生著《漕運與中國社會》P49，華中師範大學出版社，1999年版。
〔註21〕詳見李治亭先生著《中國漕運史》p70，（臺灣）文津出版社民國86年版。
〔註22〕詳見吳琦先生著《漕運與中國社會》P70，華中師範大學出版社，1999年版。
〔註23〕關於屯田的作用，黎虎先生在《曹操屯田的歷史作用與地位》和《三國時期的自耕農經濟》中有詳細論述。見黎先生著《魏晉南北朝史論》，學苑出版社，1999年版。
〔註24〕見康基田著《河渠紀聞》卷4，中國水利工程學會民國二十五年影印本。

平虜渠、泉州渠	曹操	建安十一年	司空	《三國志》卷 14《董昭傳》
	董昭		司空軍祭酒	
新河	曹操	建安十一年	司空、車騎將軍。	《水經注》卷 14《濡水註》
利漕渠	曹操	建安十八年	丞相	《水經注》卷 10《濁漳水註》
魯口渠	司馬懿	景初二年	太尉	《元和郡縣圖志》卷 17《河北道二》
討虜渠	曹丕	黃初六年		《三國志》卷 2《文帝紀》
千金堨	陳協	魏太和五年	都水使者	《水經注》卷 16《穀水註》
廣漕渠	鄧艾	魏正始三年	尚書郎	《三國志》卷 28《鄧艾傳》
淮陽渠、百尺渠	鄧艾	魏正始四年	尚書郎	《晉書》卷 26《食貨志》
賈侯渠	賈逵	黃初元年	豫州刺史	《三國志》卷 15《賈逵傳》
運瀆	孫權	赤烏三年		《三國會要》卷 38《輿地五‧吳渠堰》
	郗儉		左臺侍御史	
潮溝	孫權	？〔註25〕		《建康實錄》卷 2《吳中‧太祖下》
青溪	孫權	赤烏四年		《建康實錄》卷 2《吳中‧太祖下》
破崗瀆	孫權	赤烏八年		《建康實錄》卷 2《吳中‧太祖下》
	陳勳		校尉	
引黃注洛		西晉泰始十年		《晉書》卷 3《武帝紀》
揚夏水道	杜預	太康元年後	鎮南大將軍、都督荊州諸軍事。	《晉書》卷 34《杜預傳》
引穀水注九曲	陳狼		都水使者	《水經注》卷 16《穀水註》
千金堨	李矩	永嘉元年	汝陰太守	《水經注》卷 16《穀水註》
	袁孚		汝南太守。	
整修中瀆水	陳敏	東晉永和中		《水經注》卷 30《淮水註》
整修泗水	謝玄	東晉太元九年	左將軍	《水經注》卷 25《泗水註》
	聞人奭		都護	
引洸水通泗水	荀羨		監青州諸軍事，領兗州刺史。	《晉書》卷 75《荀崧傳》

〔註25〕潮溝的開鑿時間據《三國會要》卷 38《輿地五‧吳渠堰》引《建康實錄》的記載為赤烏四年，但查《建康實錄》並無潮溝開鑿的時間記載，存疑。

楊儀道	桓溫	東晉興寧二年	大司馬	《晉書》卷 8《哀帝紀》
	袁眞		西中郎將	
	劉岵		江夏相	
桓公瀆	桓溫	東晉太和四年	大司馬	《水經注》卷 8《濟水註》、《晉書》卷 81《毛寶傳》
	毛穆之		冠軍將軍	
汴渠	劉裕	東晉義熙十三年	宋王、相國、揚州牧等	《宋書》卷 1《武帝紀》
上容瀆		梁		《讀史方輿紀要》卷 25《江南・鎮江府・丹陽縣》
千金堨		北魏太和二十年		《魏書》卷 7《高祖紀》
汴渠、蔡渠	崔亮	景明、正始年間	度支尙書	《魏書》卷 66《崔亮傳》

　　通過上表可以發現，魏晉南北朝時期的漕運事業不但沒有停止，而且表現出一種發展的態勢。綜合而言，該時期的漕渠建設按其功用，可分爲三類：第一類爲用於軍事征伐的軍隊與輜重的輸送；第二類爲用於從農業區進行租賦運輸，這類漕渠一般還兼有灌溉的功能；第三類便是主要以商業運輸爲主的漕渠。

　　曹操主持修建的睢陽渠、白溝、平虜渠、泉州渠、新河等漕渠主要是爲了一時的緊急軍事行動，除白溝外其餘的漕渠在軍事行動結束後大多也就隨之逐漸湮滅了。桓溫修建的楊儀道和桓公瀆也屬於此類。然而，汴渠卻是個例外，對它的整修相當頻繁。這是因爲汴渠在當時是溝通南北的重要管道。從黃河入汴渠至大樑向南沿蔡水，然後轉入渦水通淮水。也可以由蔡水轉入潁水通淮水。曹操、曹丕企圖伐吳時就利用這條運渠。肥水之戰時符堅率大軍南征「運漕萬艘，自河入石門，達於汝潁。」〔註 26〕同樣是沿汴渠南下。甚至桓溫、劉裕北伐時都曾利用並修治過汴渠。可見，軍事戰略上的重要地位是這條運渠長期存在並不斷得以整修的主要因素。

　　剩下的漕渠便主要是爲了進行租賦運輸和商業貿易。千金堨的多次整修就是爲了給洛陽城提供生活用水，調運糧食和其他物資。早在東漢時期張純就整修過千金堨的一段「……穿陽渠，引洛水爲漕……」〔註 27〕曹魏時期在

〔註 26〕見《晉書》卷 114《符堅載記下》。
〔註 27〕見《後漢書》卷 35《張純傳》。

此基礎上重新進行了整修，據《水經注》卷 16《穀水註》記載：「……魏時更修此堰，謂之千金堨。積石爲堰，而開溝渠五所，謂之五龍渠。渠上立堨……更開溝渠，此水沖渠，止其水，助其堅也……水歷堨東注，謂之千金渠。」之後，千金堨又進行了幾次重修，目的還是爲了漕運。其中，西晉「永嘉初，使（李）矩與汝南太守袁孚率眾修洛陽千金堨，以利漕運。」〔註 28〕爲了進一步完善洛陽城的漕運，「都水使者陳狼鑿運渠，從洛口入，注九曲，至東陽門。」〔註 29〕而太倉就位於東陽門東面，「……倉下運船常有千計。」〔註 30〕

曹操開鑿利漕渠卻是爲了加強鄴城「王業本基」的地位，此渠開通後，白溝與漳水得以溝通，船隻通過利漕渠直抵鄴城。便利的交通條件更加突出了鄴城的戰略地位，到了北魏，「鄴城平原千里，漕運四通。」〔註 31〕因此，鄴城作爲北方的軍事、政治中心之一與其發達的漕運條件是有密切關係的。

鄧艾所修的廣漕渠、淮陽渠和白尺渠主要是用於從產糧區運輸租賦的漕渠，此外還兼有灌漑農田的作用。如廣漕渠「可以引水澆漑，人積軍糧，又通運漕之道……每東南有事，大軍興眾，泛舟而下，達於江淮，資食有儲，而無水害……」〔註 32〕淮陽、百尺二渠修成後，「上引河流，下通淮潁，大治諸陂於潁南、潁北，穿渠三百餘里，漑田兩萬頃，淮北淮南皆相連接。」〔註 33〕

西晉時期開鑿的運河以揚夏水道的規模最大。《晉書》卷 34《杜預傳》記載：「舊水道，唯沔漢達江陵，千數百里，北無通路。又巴丘湖，沅湘之會，表裏山川，實爲險固，荊蠻之所恃也。」西晉滅吳後，杜預還鎮襄陽，馬上意識到江陵北上的水道和長江中游水道的修治直接涉及到鞏固對原東吳地區的有效統治。於是，「（杜）預乃開楊口，起夏水，達巴陵千餘里，內瀉長江之險，外通零桂之漕。」〔註 34〕揚水是漢江支流，楊口是楊水會沔水之口。江陵附近湖泊眾多，與長江溝通比較容易，於是杜預便因地制宜開鑿運河。揚夏水道溝通江漢二水，使航程大大縮短。在杜預之後，揚夏水道又經過兩次整修。一次是在晉元帝時，「王處仲爲荊州刺史，鑿漕河通江漢南北埭。」

〔註 28〕見《晉書》卷 63《李矩傳》。
〔註 29〕見《水經註》卷 16《谷水註》。
〔註 30〕見《水經註》卷 16《谷水註》。
〔註 31〕見《太平御覽》卷 161 相州條引《後魏書》。
〔註 32〕見《三國志》卷 28《鄧艾傳》。
〔註 33〕見《晉書》卷 26《食貨志》。
〔註 34〕見《晉書》卷 34《杜預傳》。

〔註35〕此次整修規模也不小，據《讀史方輿紀要》卷 78《荊州府·江陵縣》記載：「又漕河在縣北四里。志云：晉元帝時所鑿，自羅堰口入大漕河，又由里社穴達沔水口，直通襄漢江。」另一次在宋元嘉中，據《水經注》卷 28《沔水註》：「宋元嘉中，通路白胡，下注揚水，以廣運漕。」因此，揚夏水道是一條極為重要的漕運線路。

天然河流在該時期仍然得到充分的利用，在漕運事業中起了相當重要的作用。但是黃河上的航運條件很是險惡，據《水經注》卷 4《河水註》記載：「（黃河）雖世代加工，水流湍涑，波濤尙屯，及其商舟是次，鮮不跼躕難濟。」這句話說明雖然河水迅急，但不乏「商舟」出現。可見黃河航運總是在進行。三門峽以下地區甚至有大型船舶往來，「（孟津）又謂之爲陶河，魏尙書僕射杜畿，以帝將幸許，試樓船，覆於陶河。」〔註36〕黃河支流洛水的航運也很發達。「義熙中，劉公西入長安，舟師所屆，次於洛陽，命參軍戴延之與府舍人虞道元，即舟朔流，窮覽洛川，欲知水軍可至之處，延之屆此而返，竟不達其源也。」〔註37〕

至於長江，此時表現出了大規模航運的特點。《水經注》卷 35《江水註》記載：「樊口之北有灣，昔孫權裝大船，名之曰長安，亦曰大舶，載坐直之士三千人，與群臣泛舟江津。」據陳橋驛先生研究，「這是酈註記載中的最大船舶，浩浩蕩蕩地行駛於大江之上，因而也是酈註記載中規模最大的內河航行了。」〔註38〕西晉滅吳之役，王濬在益州編練水軍，大造舟楫，太康元年率「戎卒八萬，方舟八里，……兵甲滿江，旌旗燭滅，威勢甚盛」〔註39〕水軍戰艦不但數量多而且規模也大，據《晉書》卷 42《王濬傳》記載：「濬乃作大船連舫。方百二十步，受二千餘人。以木爲城，起樓櫓，開四出門，其上皆得馳馬來往。……舟楫之盛，自古未有。」如果長江沒有良好的通航條件，如此大規模的水上軍事行動是不可能奏效的。另外西晉時期利用長江漕運物資到中原已經成規模，據《晉書》卷 61《周馥傳》記載，永嘉四年（西元 310 年），周馥等人上表請懷帝遷都壽春，理由是：「淮揚之地，北阻塗山，南抗靈嶽，名川四帶，有重險之固。是以楚人東遷，遂宅壽春，徐、邳、東海，亦足成禦。且漕運四通，無

〔註35〕見《輿地紀勝》卷 64《荊州府·漕河》。
〔註36〕見《水經註》卷 5《河水註》。
〔註37〕見《水經註》卷 15《洛水註》。
〔註38〕見陳橋驛先生著《水經註研究》，天津古籍出版社，1985 年 5 月版。
〔註39〕見《資治通鑒》卷 81 晉武帝太康元年條。

患空乏。……荊、湘、江、揚各先運四年米租十五萬斛，布絹各十四萬匹，以供大駕。」這條材料明確反映了周馥等人表請遷都壽春不僅是因爲壽春險固的地理位置更是具備絕佳的漕運條件；另外還說明從長江漕運租賦到洛陽一帶的路線在西晉以前就已經形成。司馬睿移鎮建鄴後壽春成爲其與石勒爭奪的重點地區，永嘉六年（西元 312 年），石勒「發自葛陂，遣石季龍率騎二千距壽春。會江南運船至，獲米布數十艘，……」〔註 40〕壽春作爲漕運中心的地位使其成爲交戰雙方爭奪的焦點。

　　長江上的內河碼頭和港埠的存在，也反映了漕運的繁盛局面。據《水經注》卷 35《江水註》記載：「江之右岸有船官浦，歷黃鵠磯西而南矣，直鸚鵡洲之下尾，江水漄曰洑浦，是曰黃軍浦。昔吳將軍黃蓋軍師所屯，故浦得其名，亦商舟之所會矣。」這是典型的商業和軍用碼頭。爲了運輸的便利，人工碼頭的建設也開始出現，例如《水經注》卷 39《贛水註》記載：「贛水又歷釣圻邸閣下，度支校尉治，太尉陶侃移置此也。舊夏月，邸閣前洲沒，去浦遠，景平元年，校尉豫章，因運出之力，於渚次聚石爲洲，長六十餘丈，舟裏可容數十舫。」石頭城在長江航運中起了極其重要的作用，一般行駛在長江上的船隻都要行至石頭城，再沿淮水進入建康，石頭城成爲建康的外港。因此石頭城一帶的船隻非常密集。據《宋書》卷 33《五行志》記載：「安帝元興三年二月庚寅夜，濤水入石頭。貢使商旅，方舟萬計，漂敗流斷，駭齒相望。」

　　東晉南朝一般採取沿河或沿江設倉，分段漕運物資的方式。《隋書》卷 24《食貨志》記載：「其倉，京都有龍首倉，即石頭津倉也，臺城內倉，南塘倉，常平倉，東、西太倉，東宮倉，所貯總不過五十餘萬。在外有豫章倉、釣磯倉、錢塘倉，並是大貯備之處。自餘諸州郡臺傳，亦各有倉。」北齊漕運也採取這種辦法，「常調之外，逐豐稔之處，折絹糴粟，以充國儲。於諸州緣河津濟，皆官倉貯積，以擬漕運。」〔註 41〕

　　此外，更爲重要的是《宋書》卷 35、36、37、38《州郡志》中有關於各地通往京都和各州治所內河里程的記載，從中可以發現在吳、東晉、劉宋時期已經形成了以建康和水運便利的各州州治爲中心的內河航運網。茲根據《宋書·州郡志》的相關統計列表如下：

〔註 40〕　見《晉書》卷 104《石勒載記上》。
〔註 41〕　見《隋書》卷 24《食貨志》。

地　名		至　建　康（里）	至　州　治（里）
揚州	會稽	1355	
	吳郡	670	
	吳興	950	
	淮南	170	
	宣城	580	
	東陽	1700	
	臨海	2019	
	永嘉	2800	
	新安	1860	
南徐州	京口	240	
	南琅邪	160	200
	晉陵	400	175
	義興	490	400
徐州	彭城	1360	
	下邳	1160	200
	蘭陵	1600	
	東海	1000	1000
	東莞	2000	
	琅邪	1500	
	淮陽	700	600
	鍾離	1030	
	馬頭	1750	
南兗州	廣陵	250	
	海陵	390	130
	山陽	500	300
	盱眙	700	490
	秦郡	150	241
兗州	東平	2000	500
	濟北	2000	

南豫州	南譙	700	540
	廬江	1100	2720
	南汝陰	1000	
	南梁	1700	1800
	晉熙	1200	
	弋陽	「闕」〔註42〕	
豫州	汝南	3000	1000
	新蔡	2500	
	譙郡	2000	
	梁郡	900	
	陳郡	1450	
	汝陽	3500	
江州	豫章	1900	600
	鄱陽	1840	440
	臨川	2830	1100
	廬陵	3600	2000
	安成	3700	3300
	南康公	3080	3740
	南新蔡	1370	200
	建安	3040	2380
	晉安	3580	3990
司州	虎牢	2700	
	隨陽	3480	
	安陸	2300	
荊州	江陵	3380	
	南平	3500	250
	天門	3500	1200
	宜都	3730	350
	巴東	4680	1300
	汶陽	4100	700
	南河東	3500	120
	建平	4380	1000〔註43〕

〔註42〕見《宋書》卷36《州郡志二》

〔註43〕此路里程係水陸共計，「去州水陸一千。」見《宋書》卷37《州郡志三》。

郢州	夏口	2100	
	竟陵	3400	1400
	武陵	3000	1000
	巴陵	2500	500
	武昌	1100	
	西陽	1720	280
湘州	臨湘	3300	
	衡陽	3700	220
	桂陽	4940	1400
	零陵	4800	1400
	營陽	5550	1710
	湘東	3600	700〔註44〕
	邵陵	4500	700
	廣興	5000	2390
	臨慶	5570〔註45〕	2800〔註46〕
	始建		2080
雍州	襄陽	4400	
	南陽	4400	
	新野	4580	
梁州	魏興	6700	
	新城	5300	
	上庸	6700	
	晉壽	10000	
	北巴西	9900	
	宋熙	9800	
益州	廣漢	9900	
	巴郡	6000	內水：1800；外水：2200
	汶山	10000	
	犍為	10000	
	晉原	10000	
	安固	10000	

〔註44〕此路里程係水陸共計，「去州水陸七百。」見《宋書》卷37《州郡志三》。

〔註45〕此路里程係水陸共計，「去京都水陸五千五百七十。」見《宋書》卷37《州郡志三》。

〔註46〕此路里程係水陸共計，「去州水陸二千八百。」見《宋書》卷37《州郡志三》。

	新城	9530	
	南晉壽	10000	
	東江陽	8090	
寧州	晉寧	13700	
	牂柯	12000	
	平蠻	13000	
	夜郎	14000	
	朱提	14600	
	南廣	10400	2300
	建都	10050	
	西平	15300	
	西河陽	15500	
	東河陽	15000	
	雲南	14500	
	興寧	14500	
	興古	16000	
	梁水	16000	3000
廣州	廣州	5200	
	蒼梧	5590	800
	晉康	5800	500
	新寧	5600	620
	永平	5400	1200
	鬱林	7900	1600
	桂林	6800	1575
	高涼	6600	1100
	東官	5670	370
	義安	8900	
	宋康	5970	950
	海昌	5494	650
	宋熙	5200	345
交州	龍編	10000	
	武平		210
	九眞	10180	800
	九德	10900	900
	日南	10690	2400
	合浦	10800	

　　上表大規模、系統、精確地統計了各州內各郡通往建康的航運里程以及各州之內各郡通往州治的航運里程。如此精確的統計說明了當時已經有各州各郡到京師和州治的航運路線以及航運技術已經非常發達。依據上表，特歸納以建康爲中心的漕運路線和以各州州治爲中心的各郡通往各州治的漕運路線如下：

　　1、以建康爲中心東南方向通往會稽、吳興、吳郡、臨海、永嘉、晉陵、義興、晉安；西南方向通往淮南、宣城、南譙郡、廬江、南汝陰、晉熙、豫章、鄱陽、臨川、廬陵、安成、南康、南新蔡、安陸、江陵、南平、天門、宜都、巴東、汶陽、南河東、建平、夏口、竟陵、武陵、巴陵、武昌、西陽、臨湘、衡陽、桂陽、零陵、營陽、湘東、邵陵、廣興、臨慶、始建、巴郡、犍爲、東江陽、晉寧、牂柯、平蠻、夜郎、朱提、南廣、建都、西平、西河陽、東河陽、雲南、興寧、興古、梁水、廣州、蒼梧、晉康、新寧、永平、鬱林、桂林、高涼、東官、義安、宋康、海昌、宋熙、龍編、武平、九眞、九德、日南、合浦；西北方向通往彭城、下邳、蘭陵、東海、鍾離、馬頭、盱眙、東平、濟北、弋陽、汝南、新蔡、譙郡、梁郡、陳郡、汝陽、義陽、襄陽、南陽、新野、魏興、新城、上庸、晉壽、北巴西、宋熙、廣漢、汶山、晉原、新城、南晉壽；東北方向通往廣陵、海陵、東莞、琅邪、淮陽、山陽、秦郡；東至京口、南琅邪；南至新安、東陽、建安。

　　2、以各州州治爲中心的內河航運情況：

　　南徐州京口西至南琅邪；東南至晉陵、義興。

　　徐州彭城東南至下邳、東海、淮陽。

　　南兗州廣陵東北至海陵；西北至盱眙、東平；正北至山陽。

　　南豫州歷陽西南至南譙郡、廬江。

　　豫州睢陽西南至汝南。

　　江州尋陽南至豫章；東南至鄱陽、臨川、建安、晉安；西南至廬陵、安成、南康；北至南新蔡。

　　荊州江陵南至南平；西南至天門、南河東；西至宜都；西北至巴東、汶陽、建平。

　　郢州夏口西北至竟陵；西南至武陵、巴陵；東南至武昌、西陽。

　　湘州臨湘向南至衡陽、桂陽、湘東；西南至零陵、營陽、邵陵、臨慶（臨賀）、始建（始安）；東南至廣興（始興）。

益州成都東南至巴郡。

寧州北至南廣；南至梁水。

廣州西北至蒼梧、永平、鬱林、桂林；西南至晉康、新寧、高涼、宋康、海昌、宋熙；東南至東官；東北至義安。

交州龍編西北至武平；南至九眞、九德。

可以看出，南方各州至此在漕運方面有了巨大發展，表明其得到了開發，經濟上有了長足發展。便利、發達的漕運體系無疑給以後經濟重心的南移創造了條件。

另外，在長期的實踐過程中，魏晉南北朝時期的漕渠建設出現了一個重要的特點，即堰埭建設成規模的出現。一般認爲，堰埭就是調節水量的一種工程形式，類似當今的攔河壩。在管道縱坡太陡的地段，築隔堰分成梯級，用以平水，蓄水通航。船過堰埭時，需拖拉上壩，再緩緩放入鄰段。﹝註47﹞這種工程技術雖起源於先秦，但眞正的發展卻是在魏晉南北朝時期。前邊所述，戰國時期的都江堰工程，在《史記》、《漢書》中記載大致相同，均記之爲：「……蜀守冰鑿離碓……」至於都江堰之名最早出現卻是在宋代，《宋史》卷 247《宗室·不惡傳》記載：「永康軍歲治都江堰，籠石蛇絕江遏水，以灌數郡田。」《華陽國志》卷 3《蜀志》最早就都江堰的工程技術作了簡略的記述：「冰乃壅江作堋。」據馮廣宏先生解釋「堋」是比併著的一種阻水矮堤。﹝註48﹞到了北魏時期，「堋」和「堰」才開始連用，在同樣記述都江堰時，《水經注》卷 33《江水註》記載：「……江水又歷都安縣，……李冰作大堰於此，壅江作堋，堋有左右口，謂之湔堋……俗謂之都安大堰。亦日湔堰，又謂之金堤。」可見此時「堋」與「堰」已相通。魏晉南北朝時期的堰埭其實是不同功用的攔水壩的不同稱謂。一般情況下，用於農田灌漑、排洪抗澇、軍事鬥爭的一般稱爲堰；而用於內河航運的一般稱爲埭。由於兩者在功能上有相似之處，因此，在南宋以後埭與堰相互通稱。《資治通鑒》卷 136 胡三省註日：「牛埭即今西興堰，……蒲陽江南津埭則今之梁湖堰是也，北津埭則今之曹娥堰是也。柳蒲埭今杭州江干浙江亭北跨蒲橋埭是也。」﹝註49﹞現就此作一簡略論述：

﹝註47﹞見姚漢源著：《中國水利史綱要》P130,水利電力出版社，1987 年 12 月。

﹝註48﹞見馮廣宏，《壅江作堋考》一文，四川省水利廳、都江堰管理局編《都江堰史研究》，四川省社會科學院出版社，1987 年版。

﹝註49﹞見《資治通鑒》卷 136《齊紀二》齊武帝永明六年條胡三省註。

傳祗任滎陽太守時，黃河氾濫，「（傅）祗乃造沈萊堰，至今兗豫無水患，百姓爲立碑頌焉。」〔註50〕可見，沈萊堰是爲抗洪所建。另外，據《晉書》卷78《孔愉傳》記載：「句章縣有漢時舊陂，毀壞數百年。（孔）愉自巡行，修復故堰，溉田二百餘頃，皆成良業。」類似的堰在南朝尤爲集中。宋元嘉年間，張邵「及至襄陽，築長圍，修立隄堰，開田數千頃，郡人賴之富贍。」〔註51〕同樣，劉秀之任襄陽令時，「襄陽有六門堰，良田數千頃，堰久決壞，公私廢業。世祖遣秀之修復，雍部由是大豐。」〔註52〕梁大通六年，夏侯夔爲豫州刺史，「豫州積歲寇戎，人迫失業，夔乃帥軍人於蒼陵立堰，溉田千餘頃，歲收穀百餘萬石，以充儲備，兼贍貧人，境內賴之。」〔註53〕這種以農田灌溉爲主的堰，北朝同樣存在，據《魏書》卷69《裴延儁傳》記載：北魏孝明帝時裴延儁爲幽州刺史，「范陽郡有舊督亢渠，徑五十里；漁陽燕郡有故戾陵諸堰，廣袤三十里。皆廢毀多時，莫能修復。時水旱不調，民多饑餒，延儁謂疏通舊跡，勢必可成，乃表求營造。遂恭自履行，相度水形，隨力分督，未幾而就，溉田百萬餘頃，爲利十倍，百姓至今賴之。」西魏大統十六年，賀蘭祥拜大將軍，「太祖（宇文泰）以涇渭溉灌之處，渠堰廢毀，乃命祥修造富平堰，開渠引水，東注於洛。功用既畢，民獲其利」〔註54〕

此外，這種「堰」在軍事鬥爭中也發揮了相當重要的作用。在戰略戰術方面扮演了獨特的角色。吳孫皓鳳凰元年發生的晉吳江陵之爭就是雙方均試圖利用堰水的辦法來遏止對方的典型戰例。據《三國志》卷58《陸遜傳》記載：「（陸）抗敕江陵督張咸作大堰遏水，漸漬平中，以絕寇叛。（羊）祜欲因所遏水，浮船運糧，揚聲將破堰以通步軍。抗聞，使咸亟破之。諸將皆惑，屢諫不聽。祜至當陽，聞堰敗，乃改船以車運，大廢損功力。」南齊建元二年，北魏犯壽春，垣崇祖召集文武確定了堰肥水禦敵的策略，「乃於城西北立堰塞肥水，堰北起，周爲深塹，使數千人守之。……虜眾由西道集堰南，分軍東路肉搏攻小城。……至日晡時，決小史埭。水勢奔下，虜攻城之眾，漂

〔註50〕見《晉書》卷47《傅祗傳》。
〔註51〕見《宋書》卷46《張邵傳》。
〔註52〕見《宋書》卷81《劉秀之傳》。
〔註53〕見《梁書》卷28《夏侯亶傳》。
〔註54〕見《周書》卷20《賀蘭祥傳》。

墜塹中，人馬溺死數千人，眾皆退走。」〔註55〕梁武帝時有名的浮山堰的修建更是爲了戰略目的，據《梁書》卷18《康絢傳》：天監十三年「時魏降人王足陳計，求堰淮水以灌壽陽。」梁武帝採納了王足的建議，使祖暅、康絢等人率眾二十萬修浮山堰。然而由於規劃不當，天監十五年年秋八月，「……淮水暴長，堰悉壞決，奔流於海，……」〔註56〕浮山堰工程的規模在當時應該說是舉世無雙的，「據現有地形和發現的遺跡初步估算，主壩最高達 30～40 米，形成的水域面積估計約有6700多平方公里，積水覆蓋了今五河、泗縣、鳳陽、蚌埠、靈壁、固鎮、鳳臺、壽縣以及潁上、霍丘等縣市的大部或一部，總蓄水量在 100 億立方米以上。浮山堰主副壩填方約達 200 多萬立方米。這幾項指標在當時都是世界第一位的。」〔註57〕在付出了巨大的人力和物力後浮山堰的建設最終還是失敗了。之後，梁武帝又相繼修建了通濟堰〔註58〕、宿預堰、曹公堰、寒山堰等。〔註59〕具體功效不詳。

「埭」的修建，其目的一般是在陡急的河道上修建梯級水壩使得船隻得以平穩通過，《宋書》卷 74《沈攸之傳》的一段記述說明了這一點：「初攸之賤時，與吳郡孫超之、全景文共乘小船出京都，三人共上引埭，有一人止而相之曰……」另據《南齊書》卷29《呂安國傳》的記載可知，此埭爲奔牛埭。〔註60〕從「三人共上引埭」可以清楚地看出奔牛埭是一種梯級水壩，需要借助外力使船隻從一級水壩轉到另外一級水壩。

東晉南朝時期著名的埭還有孫吳時在建康城外青溪上修建的雞鳴埭；〔註61〕東晉時期爲調節中瀆水道流量而修建的歐陽埭；〔註62〕以及太元七年，謝安主持修建的召伯埭。〔註63〕後來又以召伯埭爲中心相繼興建了三個埭，據《太平御覽》卷 73《堰埭條》引《述徵記》曰：「秦梁埭到召伯埭二十里；召伯埭

〔註55〕見《南齊書》卷 25《垣崇祖傳》

〔註56〕見《梁書》卷 18《康絢傳》。

〔註57〕見張衛東：《浮山堰》一文，載《中國水利》，1985 年 11 期。

〔註58〕《讀史方輿紀要》卷 94《浙江六・處州府・松陽縣》記載：「蕭梁時，詹南二司馬始創此堰。宋元祐以後不時修築。」

〔註59〕見《梁書》卷 3《武帝紀下》。

〔註60〕《南齊書》卷 29《呂安國傳》記載：「（全景文）少有氣力，與沈攸之同載出都，到奔牛埭，於岸上息，有人相之……」

〔註61〕見《建康實錄》卷 2《吳中・太祖下》。

〔註62〕見《水經註》卷 16《穀水註》。

〔註63〕見《晉書》卷 79《謝安傳》。

到三枚埭十五里；三枚埭到鏡梁埭十五里。」苻堅敗後，謝玄乘勝追擊，平定兗州，「玄患水道險澀，糧運艱難，用督護聞人奭謀，堰呂梁水，樹柵，立七埭為派，擁二岸之流，以利運漕，自此公私便利。」〔註64〕一連修築七個埭來調節水量，可見這項工程的規模之大。破崗瀆上修建的埭更是達 14 個之多，據《建康實錄》卷 2《吳中‧太祖下》記載：「上七埭入延陵界，下七埭入江寧界。」〔註65〕綿延整個破崗瀆。梁廢破崗瀆建上容瀆，上容瀆上同樣建有數量眾多的埭，「頂上分流，一源東南三十里，十六埭入延陵界；一源西南流二十五里，五埭注句容界。」〔註66〕

引埭的過程一般有兩種形式，一種是用人力拖拉；另外一種是用牛拖拉。據《宋書》卷 91《孝義傳》載郭原平，「……見人牽埭未過，輒迅檝助之，己自引船，不假旁力。……嘗於縣南郭鳳埭助人引船，……」這是典型的用人力拉船過埭的事例。而牛埭稅的出現，則是從一個方面反映了借助牛力過埭的情形。《晉書》卷 78《孔愉傳》記載，東晉哀帝隆和元年，「時東海王奕求海鹽、錢塘以水牛牽埭稅取錢直，帝初從之，（孔）嚴諫乃止。」南齊永明六年，西陵戍主杜元懿建議：「吳興無秋，會稽豐登，商旅往來，倍多常歲。西陵牛埭稅，官格日三千五百，元懿如即所見，日可一倍，盈縮相兼，略計年長百萬。浦陽南北津及柳浦四埭，乞為官領攝，一年格外長四百許萬。西陵戍前檢稅，無妨戍事，餘三埭自舉腹心。」〔註67〕杜元懿的建議反映了兩方面的現象，一是說明南齊三吳地區商業已經非常發達，牛埭稅收入極為可觀；政府應將一些重要的津埭直接管轄以獲取更多的經濟利益。二是過埭的船隻數量極其龐大，利用牛力已經成為普遍的過埭方法。

蕭梁時期，豐厚的埭稅更是成為官吏貪污的對象。天監十七年，梁武帝所下的一道寬恤詔就特別提及凡是管理埭的官員因貪污而遭抄家的，必須給其保留一些田宅車牛等基本生活物資。〔註68〕然而肆意設埭收稅的情況似乎一直在持續，以至在大同十一年，再次下詔：「凡遠近分置、內外條流、四方

〔註64〕見《晉書》卷 79《謝安傳》。
〔註65〕《太平御覽》卷 73《地部三八‧堰埭》記載有 12 個埭，「《吳錄》曰：『句容縣大皇時，使陳勳鑿開水道，立十二埭以通吳會諸郡。故舡行不復由京口。』」
〔註66〕見《建康實錄》卷 2《吳中‧太祖下》。
〔註67〕見《南齊書》卷 46《陸慧曉傳》。
〔註68〕見《梁書》卷 2《武帝紀中》。

所立屯、傳、邸、冶、市、埭、桁渡、津稅、田園，新舊守宰，遊軍戍邏，有不便於民者，尚書州郡各速條上，當隨言除省，以舒民患」〔註69〕

　　總之，魏晉南北朝時期出現的這種堰埭建設現象，主要是爲了適應規模越來越大的漕運要求而產生的。它不但是漕渠建設技術提高的表現，同時也與當時南方經濟的發展有直接的聯繫。東晉立足江左不久，建康的糧食供應以及長江兩岸駐軍的軍糧供給都要仰給三吳。《輿地紀勝》卷7《丁卯港》註引《輿地志》：「晉元帝子裒鎮廣陵，運糧出京口，爲水涸，奏請立埭。丁卯制可，因以爲名。」東晉琅邪王司馬裒鎮廣陵，在建武元年六月至十月，〔註70〕丁卯埭當於該年所開。廣陵軍糧的供給，賴三吳的租賦輸送，因此丁卯埭的修建無疑是爲了漕運糧食，這也說明當時南方地區的經濟已經有了長足發展。除了經濟上的作用外，堰埭在軍事上的突出表現，也在一個方面說明了當時戰爭頻繁的現實狀況。

　　綜合魏晉南北朝的漕渠開鑿，我們發現這其實爲隋南北大運河的溝通奠定了基礎。而在這個過程中曹操和杜預的活動卻起了承前啓後的關鍵作用。曹操所開的諸條運河將河北的灅、薊、滱、滹沱、漳水等水系與黃河溝通，並連接濟水、淮河、長江、錢塘江等水系。王育民先生就此指出：「曹魏時期，我國運河的興建，打破了過去僅侷限於黃河以南的局面，開始形成了一個以洛陽爲中心，以黃河爲主軸，北由太行山東麓貫穿河北平原，南由河入淮及江的南北大運河扇形河網。這在我國運河史上是一次重大的突破，具有劃時代的意義。」〔註71〕杜預恢復揚夏水道，南接靈渠和零陵、桂陽嶠道，北與百尺渠、濬儀渠、討虜渠相連，進而與睢陽渠、白溝、平虜渠、泉州渠、新河、利漕渠等溝通。而隋大運河則是在這個基礎上形成的。

　　做爲都城長安所在地的關中平原，從秦漢以來所產的糧食都不足以供給國都的消費。因而解決漕運問題是從秦漢到隋唐的歷代統治者所面臨的主要問題。隋代所開運河也不例外，同樣是爲了這個原因而進行的。現將隋代運河列表如下：

〔註69〕見《梁書》卷3《武帝紀下》，另，原文將「市」、「埭」連用爲「市埭」一詞，似不妥。（筆者按）
〔註70〕見《資治通鑒》卷90《晉紀十二》建武元年條。
〔註71〕見王育民先生：《南北大運河始於曹魏論》，載《上海師範大學學報》，1986年第1期。

渠　　名	修建者	修建日期	官　職	資　料　來　源
廣通渠（永通渠、富民渠）	隋文帝 宇文愷 郭衍	開皇四年	？〔註72〕 開漕渠大監	《隋書》卷24《食貨志》、《隋書》卷61《郭衍傳》
山陽瀆	隋文帝	開皇七年		《隋書》卷1《高祖紀上》
通濟渠	隋煬帝	大業元年		《隋書》卷3《煬帝紀上》
永濟渠	隋煬帝 閻毗	大業四年	？〔註73〕	《隋書》卷3《煬帝紀上》
江南河	隋煬帝	大業六年		《資治通鑒》卷181
薛公豐兗渠	薛冑	開皇中	兗州刺史	《隋書》卷56《薛冑傳》

　　除了薛公豐兗渠，其餘的運河溝通起來就構成了平常所說的南北大運河。然而與前表所列之魏晉南北朝史時期的運河比較，後者其實大部分承接了前者。也就是說隋唐大運河是在魏晉南北朝時期所開運河基礎上形成的。

　　隋文帝所開山陽瀆是在秦漢以來陸續整修的邗溝基礎上加以修濬，將北面與淮河連接的入河口由末口改至山陽，煬帝時將南面入江口改由揚子入江。〔註74〕至於通濟渠，其中「自西苑引穀、洛水達於河」的一段顯然是繼續利用曹魏太和五年陳協所修的千金堨；自滎陽經濬儀至穀熟的河段其實就是沿用曹操所開的睢陽渠。「引沁水南達於河，北通涿郡。」〔註75〕永濟渠基本上是利用曹魏白溝故道，據《元河郡縣圖志》卷5《河南府‧河陰縣‧汴渠》相州內黃縣條記載：「永濟渠本名白渠，隋煬帝導爲永濟渠，一名御河，北去縣二百步」；魏州館陶縣條記載：「白溝水本名白渠，隋煬帝導爲永濟渠，亦名御河，西去縣十里」；貝州永濟縣條記載：「永濟渠在縣西郭內，闊一百七十尺，深二丈四尺，南自汲郡引清、淇二水東入白溝，穿此縣入臨清」。而江南河更是在上容瀆、破崗瀆的基礎上溝通的。此外，隋代大運河的流程也不及魏晉南北朝時期的長。將隋大運河與魏晉南北朝時期的運河相比較，魏晉

〔註72〕《隋書》卷68《宇文愷傳》記載：「後決渭水達河，以通運漕，詔愷總督其事。」具體職官不詳。另外，和洪和元壽也曾參與該渠的建設，具體職官不詳，見《隋書》卷55《和洪傳》、《隋書》卷63《元壽傳》。

〔註73〕《隋書》卷68《閻毗傳》記載：「將興遼東之役，自洛口開渠，達於涿郡，以通運漕。毗督其役。」具體職官不詳。

〔註74〕見《資治通鑒》卷181《隋紀五》。

〔註75〕見《隋書》卷3《煬帝紀上》。

南北朝時期開鑿的白溝、平虜、泉州、新河等運河遠及遼西；由利漕渠、白馬渠、魯口渠組成的運河溝通河北平原南北；鴻溝水系溝通河南諸天然河道；江淮一帶的破崗瀆、上容瀆、桓公瀆等早就連綴江南水系於一體。但隋文帝平陳後，破崗瀆也在摧毀建康城的同時下詔並廢。如此看來，隋代的運河無論在數量上或者在通航里程上已經不如魏晉南北朝時期了。而隋煬帝在營建東都的詔書中說：洛陽「控以三河，固以四塞，水陸通，貢賦等。」〔註76〕這說明在煬帝大規模開鑿永濟渠、通濟渠之前，洛陽在水陸交通上已經具備東南物資的能力，這無疑是魏晉南北朝時期打下的基礎。

　　這些運河中通濟渠的通航能力尤為顯著，成為當時國內交通的主要幹線。通濟渠在唐宋時期又稱汴渠，它不但貫通東南地區，使得租賦順利抵達洛陽，而且還是揚、益、湘南、交廣、閩中等地到長安的通途，「汴渠……自揚、益、湘南至交、廣、閩中等州，公家運漕，私行商旅，舳艫相繼，隋氏作之雖勞，後代實受其利焉。」〔註77〕杜佑也為此評價道：「通漕商旅，往來不絕。」〔註78〕清人胡渭對於汴渠的規模也有自己的一番認識，他在評價杜預建議王濬水軍回師，最好能通過汴水時，認為，「則汴水之大小，當不減於今；又足以見秦、漢、魏、晉皆有此水道，非煬帝創開也。」〔註79〕

二、漕運管理

　　魏晉南北朝時期由於戰爭頻繁，使得漕運在軍事上的作用大為加強，漕運問題也就成了軍事統師面臨的主要問題之一。通過上表我們可以發現，曹魏所修的漕渠主要用於其軍事需要。在決策上自然也就由當時掌握朝政的權臣或霸府、地方當政者等決斷。如曹操征伐袁尚，「患軍糧難致，鑿平虜、泉州二渠，入海通運，（董）昭所建也。」〔註80〕董昭時任冀州牧，自然承擔了在他的轄區開鑿運渠的任務。鄧艾大興屯田時向司馬懿建議：「『田良水少，不足以盡地利，宜開河渠，可以引水澆溉，大積軍糧，又通運漕之道。』乃著濟河論以喻其旨。……宣王善之，事皆施行。」〔註81〕可見，漕渠開鑿與

〔註76〕見《隋書》卷3《煬帝紀上》。
〔註77〕見《元河郡縣圖志》卷5《河南府》。
〔註78〕見《通典》卷177，《州郡七》。
〔註79〕見胡渭著，鄒逸麟整理《禹貢錐指》卷5，上海古籍出版社，1996年版。
〔註80〕見《三國志》卷14《魏書·董昭傳》。
〔註81〕見《三國志》卷28《魏書·鄧艾傳》。

否的決策權是在當政的司馬懿手中。杜預在咸寧元年的上疏很能說明問題，「『宜發明詔，敕刺史二千石，其漢時舊陂舊堨及山谷私家小陂，皆當修繕以積水。其諸魏氏以來所造立，及諸因雨決溢蒲葦馬腸陂之類，皆決瀝之。長吏二千石躬親勸功……夫川瀆有常流，地形有定體，漢氏居人眾多，猶以無患，金因其所患而宣寫之，跡古事以明近，大理顯然，可坐而論得。』朝廷從之。」〔註 82〕這段材料雖然涉及的多為灌溉事宜，但也揭示了在水利事業上，由朝廷決策，地方官執行的事實。東晉時，桓溫北伐為運輸需要決定修建「桓公瀆」，太和四年直接派將軍毛穆之「鑿巨野三百里，引汶水會於清水。」〔註 83〕南齊末，蕭衍起兵，順江東下克江州，以驍騎將軍鄭紹叔監江州事，蕭衍囑咐紹叔：「今之九江，昔之河內，我故留卿以為羽翼。前途不捷，我當其咎，糧運不繼，卿任其責。」〔註 84〕很明顯漕運事宜是由蕭衍一手決策，委派軍事將領負責執行的。此外，沈瑀也以建威將軍的身份負責漕運事宜。〔註 85〕這種軍事將領負責漕運決策事宜的現象在南朝很是普遍，《宋書》卷 83《吳喜傳》記載：「從西還，大艑小艒，爰及草舫，錢米布絹，無船不滿。自喜以下，迨至小將，人人重載，莫不兼資。」若非吳喜等將領沒有徵用船隻進行物資運輸的責任，那麼利用職權，進行私運，中飽私囊是不可能的。

北魏時亦然，尤其在遷洛以後，漕運問題就成為當政之要務。巡幸徐州後，孝文帝擬從水路回洛陽，成淹以安全為由反對，「高祖敕淹曰：『朕以恒代無運漕之路，故京邑民貧。今移都伊洛，欲通運四方，而黃河急澀，人皆難涉。我因有此行，必須乘流，所以開百姓之心。』」〔註 86〕這表明孝文帝已意識到了漕運的經濟作用，而他策劃開通洛水——黃河——汴渠——清水的意圖，則說明他認識到漕運的軍事作用，「高祖自鄴還京，汎舟洪池，乃從容謂（李）沖曰：『朕欲從此通渠於洛，南伐之日，何容不從此入洛，從洛入河，從河入汴，從汴入清，以至於淮？下船而戰，猶出戶而鬥此乃軍國之大計。』」〔註 87〕這些情況同時也說明北魏漕渠建設的決策權是由皇帝掌握的。

〔註 82〕 見《晉書》卷 26《食貨志》。
〔註 83〕 見《晉書》卷 81《毛寶傳》及《水經註》卷 7《濟水註》。
〔註 84〕 見《南史》卷 56《鄭紹叔傳》。
〔註 85〕 《梁書》卷 53《良吏·沈瑀傳》記載：「後王師北伐，徵（沈）瑀為建威將軍，督運漕，尋兼都水使者。」
〔註 86〕 見《魏書》卷 79《成淹傳》。
〔註 87〕 見《魏書》卷 53《李沖傳》。

　　至於管理機構則是度支尚書和尚書右丞。度支尚書出現於曹魏，據《晉書》卷 37《安平獻王孚傳》記載：「初，魏文帝置度支尚書，專掌軍國支計，朝廷以征討未息，動須計量。」可見，這一職掌是為了適應戰爭的需要而產生的。西晉伐吳前夕，積極備戰，「及將大舉，以（張）華為度支尚書，乃量計運漕，決定廟算。」〔註 88〕東晉「穆帝之世，頻有大軍，糧運不繼，制王公以下十三戶共借一人，助度支運。」〔註 89〕國家的運輸大計在兩晉時已由度支尚書負責。南朝時期，度支尚書與尚書右丞通職，宋元徽中，虞玩之為尚書右丞，蕭道成與玩之書稱：「張華為度支尚書，事不徒然。今漕藏有闕，吾賢居右丞，已覺金粟可積也。」〔註 90〕《梁書》卷 53《良吏・沈瑀傳》記載：「及高祖即位，（范）雲深薦（沈）瑀，自暨陽令擢兼尚書右丞。時天下初定，陳伯之表瑀催督運轉，軍國獲濟，高祖以為能。」北朝也是一樣，「（崔）亮在度支，別立條格，歲省億計。又議修汴蔡二渠，以通邊運，公私賴焉。」〔註 91〕北齊，「（崔昂）後除尚書左丞，其年兼度支尚書。……度支水漕陸運，昂設轉輸相入之差，付給新陳之法，有私於人，遂為常式。」〔註 92〕因此，度支尚書成為該時期漕運管理的決策機構。

　　因此，這種由權臣──軍事將領、皇帝決策，地方官員或軍事將領負責執行的漕渠決策體制實際上是魏晉南北朝時期漕運決策的主要形式。至於管理機構則是度支尚書和尚書右丞。度支尚書出現於曹魏，據《晉書》卷 37《安平獻王孚傳》記載：「初，魏文帝置度支尚書，專掌軍國支計，朝廷以征討未息，動須計量」。可見這一職掌是為了適應戰爭的需要而產生的。西晉伐吳前夕，積極備戰，據《晉書》卷 36《張華傳》記載：「及將大舉，以華為度支尚書，乃量計運漕，決定廟算」。另據《晉書》卷 26《食貨志》記載，東晉「穆帝之世，頻有大軍，糧運不繼，制王公以下十三戶共借一人，助度支運」。可見，國家調運物資的運輸大計在兩晉時已由度支尚書負責。南朝時期，度支尚書與尚書右丞通職。據《南齊書》卷 34《虞玩之傳》記載，宋元徽中，虞玩之為尚書右丞，蕭道成與玩之書稱：「張華為度支尚書，事不徒然。今漕藏有闕，吾賢右丞，已覺金粟可積也」。另據《梁書》卷 53《良吏・沈瑀傳》記

〔註 88〕見《晉書》卷 36《張華傳》。
〔註 89〕見《晉書》卷 26《食貨志》。
〔註 90〕見《南齊書》卷 34《虞玩之傳》。
〔註 91〕見《魏書》卷 66《崔亮傳》。
〔註 92〕見《北史》卷 32《崔挺傳》。

載：「及高祖即位，（范）雲深荐（沈）璃，自暨陽令擢兼尚書右丞。時天下
初定，陳伯之表璃催督運轉，軍國獲濟，高祖以爲能」。北朝的情況同樣如此，
據《魏書》卷66《崔亮傳》記載：「亮在度支，別立條格，歲省億計。又議修
汴蔡二渠，以通邊運，公私賴焉。」《北史》卷32《崔挺附崔昂傳》記載，北
齊「（崔昂）後除尚書左丞，其年兼度支尚書。……度支水漕陸運，昂設轉輸
相入之差，付給新陳之法，有利於人，遂爲常式」。因此，度支尚書成爲該時
期漕運的管理機構。

　　魏晉南北朝時期負責漕運的官員是尚書水部郎和都水使者。

　　據《通典》卷23《職官五》記載：「魏尚書有水部郎。歷代或置或否。後
魏、北齊有水部，屬都官尚書，亦掌舟船津梁之事。」而《大唐六典》卷 7
《尚書工部》記載：「魏置水部郎中，歷晉宋齊後魏北齊，並有水部郎中。梁
陳爲侍郎。後周多官府有司水中大夫。……水部郎中、員外郎掌天下川瀆陂
池之政令，以導達溝洫，堰決河渠，凡舟楫漑灌之利，咸總而舉之。」

　　又，《通典》卷27《職官九》給我們勾勒出了都水使者一職的演變過程。
現摘錄如下：

> 初，秦漢又有都水長丞，主陂池灌漑，保守河渠，自太常、少府及
> 三輔等，皆有其官。漢武帝以都水官多，乃置左、右使者以領之。
> 至漢哀帝，省使者官。至東京，凡都水皆罷之，並置河隄謁者。漢
> 之水衡都尉，本主上林苑，魏世主天下水軍舟船器械。晉武帝省水
> 衡，置都水臺，有使者一人，掌舟航及運部，而河隄爲都水官屬。
> 元康中，復有水衡都尉。懷帝永嘉六年，胡賊入洛陽，都水使者奚
> 濬先出督運得免。江左省河隄。宋都水使者，銅印墨綬，進賢兩梁
> 冠，與御史中丞同。孝武帝初，省都水臺，罷都水使者，置水衡令，
> 孝建元年復置。齊有都水臺使者一人。梁初與齊同，天監七年，改
> 都水使者爲大舟卿，位視中書郎，列卿之最末者，主舟航河隄。陳
> 因之。後魏初皆有水衡都尉及河隄謁者、都水使者官，至永平二年，
> 都水臺依舊置二使者。北齊亦置二使者。

可見，都水使者一職由秦漢以來遍置太常、少府、三輔的都水官而來。《大
唐六典》卷23《將作都水監》記載：「都水使者，掌川澤津梁之政令。」與
其有相同職能的有水衡都尉和河隄謁者。東漢時，都水使者一職被廢除，由
河隄謁者取代。而負責上林苑的水衡都尉的職權在魏時則有所擴展，主管水

軍舟船器械。晉武帝時其又被廢除，職權和河隄謁者歸併，河隄謁者成爲新設立的都水臺的屬官。晉惠帝時水衡都尉一職被恢復，然而其與河隄謁者一樣爲都水使者的屬官，《大唐六典》卷 23《將作都水監》記載：「晉置都水臺，都水使者一人，掌舟楫之事，官品第四，又有左右前後中五水衡。」東晉時廢除河隄謁者，之後除宋孝武帝時短暫廢除都水使者，置水衡令取代，但很快在爲時不及一年的時間裏隨即恢復。梁武帝天監七年改稱大舟卿，職能不變。北魏時水衡都尉、河隄謁者、都水使者等各官均存在，直到宣武帝永平二年時方才歸併爲都水臺，由都水臺二使者管理舟航事宜。然而《大唐六典》卷 23《將作都水監》卻不見北魏時河隄謁者的記載，「後魏亦二官並置建，都水使者正第四品中，水衡都尉從五品中。」北魏的水衡都尉一職在太和二十二年被廢止。〔註 93〕北齊亦然，有都水臺使者二人；北周則稱司水中大夫。〔註 94〕從以上水衡都尉、河隄謁者、都水使者等官的發展變化可以發現晉武帝時都水臺的設立是一個關鍵，表明了先前作爲大常、少府、三輔等屬官變爲獨立的水利部門，進入列卿之列，地位大大提高。這同時也意味著以漕運爲中心的保守河渠、管理舟船器械等業務在國家政務中的比重大大增強，漕運的重要性日益突出。

那麼，有一個問題就凸現出來，即尙書水部郎與都水使者二職之間究竟是和關係呢？是否意味著在魏晉南北朝時期存在著兩套漕運管理系統呢？我們認爲二者並不是各自獨立的兩個管理系統。屬於九卿系統的都水使者（大舟卿）和尙書系統的尙書水部的關係其實就是事務官與政務官之間的關係。我們知道，在魏晉南北朝時期，尙書省已經逐漸成爲中央政務中樞機構，秦漢時期的諸卿在此一時期也隨著尙書省的地位的變化而變化，或取消，或合併，或地位下降，等等，如此不一。所以，尙書水部與都水使者二職間很明顯就是上下級的承授關係。不過二者雖是領導與被領導，但也要在具體事務上相互配合與協調。舉一例可作說明。如宋文帝元嘉二十七年，拓拔燾南侵，至瓜步，劉宋大具水軍建立了穩固的防線。在嚴查水軍裝備時，「……都水使者樂詢、尙書水部郎劉淵之並以裝治失旨，付建康。」〔註 95〕都水使者樂詢是直接責任者，而尙書水部郎劉淵也難辭其咎，由此看來，都水使者與尙書

〔註93〕見《大唐六典》卷 23《將作都水監》。
〔註94〕見《大唐六典》卷 23《將作都水監》。
〔註95〕見《宋書》卷 95《索虜傳》。

水部郎之間卻屬一個專門管理系統。

水部作爲尚書省機構我們不難理解，相較而言，都水使者的具體情況又是如何呢？據《宋書》卷 40《百官志下》記載：「晉武帝省水衡，置都水使者，而河隄爲都水官屬。有參軍二人，謁者一人，令史減置無常員。晉西朝有參軍而無謁者，謁者則江左置也。……江左省河隄。」可知，都水使者之下還有許多諸如參軍、謁者、令史等官屬。這也說明，這一時期，都水使者並不是一個簡簡單單無足輕重的機構。它具有承辦舟船製造的職責。劉宋永初元年，「……又運舟材及運船，不復下諸郡輸出，悉委都水別量。」〔註96〕劉劭與劉駿對攻，劉劭「日日自出行軍，慰勞將士，親督都水治船艦……」〔註97〕劉劭將敗，「遣人焚燒都水西裝及左尙方，決破柏崗方山埭以決東軍。」〔註98〕由於都水使者掌握著製造舟船的木材，因此在王室內訌中也被利用，齊明帝蕭鸞誅殺諸王，「其夜太醫煮藥，都水辦數十具棺材，須三更當悉殺之。」〔註99〕這都表明都水使者具有置辦船艦的職能。這種情況北朝時亦然。北魏遷都洛陽不久，「時宮極初建，廟庫未構，車駕將水路幸鄴，已詔都水回營構之材，以造舟機」〔註100〕另外，《魏書》卷 79《成淹傳》也記載：「於時宮殿初構，經始務廣，兵民運材，日有萬計，伊洛流漸，若干歷涉，淹遂啓求，敕都水造浮航。」另外，蔣少游被任命爲都水使者也是由於其「性機巧，頗能刻畫」〔註101〕之故。「高祖修船乘，以其（蔣少游）多有思力，除都水使者……。」〔註102〕

但是，魏晉南北朝時期直接職掌漕運的官員不僅僅只有都水使者及其屬官。還有監運諫議大夫、監運大中大夫、都匠中郎將等官職。〔註103〕但這些官職史籍記載甚少，其具體職能及運作殊難勾勒。

除中央的相關機構外，在漕渠經過的重要地段所專門設官和地方郡守同樣負責管理漕運事宜。據《晉書》卷 24《職官志》記載：「徐州又置淮海，涼州置河津，諸州置都水從事各一人。」這是分佈在各地的管理機構。在重要地段專門設官進行管理的方式其實在曹魏時期就已經出現。「魏景初二年二月，帝遣

〔註96〕見《宋書》卷 1《武帝紀》。
〔註97〕見《宋書》卷 99《二凶傳》。
〔註98〕見《宋書》卷 99《二凶傳》。
〔註99〕見《南齊書》卷 40《武十七王》。
〔註100〕見《魏書》卷 62《高道悅傳》。
〔註101〕見《魏書》卷 91《術藝傳》。
〔註102〕見《魏書》卷 91《術藝傳》。
〔註103〕見《水經註》卷 4《河水註》。

都督沙丘部，監運諫議大夫寇慈，帥工五千人，歲常修治，以平河阻。」〔註104〕這種專門在黃河地段設官，常年修治的制度在西晉時依然得以延續。「晉泰始三年正月，武帝遣監運大中大夫趙國、都匠中郎將河東樂世，帥眾五千餘人，修治河灘……」〔註105〕「八王之亂」爆發後，「……京師倉廩空虛，（陳）敏建議曰：『南方米穀皆積數年，時將欲腐敗，而不漕運以濟中洲，非所以救患周急也。』朝廷從之，以敏爲合肥度支，遷廣陵度支。」〔註106〕可見，此類官職也是專門的地方管理機構。

　　在北朝，由於常年戰亂，漕運事業發展很慢，加之沒有南方那樣繁密的天然河流。漕運的管理職能大多時期由地方官履行。北魏太平眞君七年，薄骨律鎮將刁雍以運軍糧沃野鎮道路艱險，運輸成本過高爲由，上表建議開漕運，造船運糧。其建議得到了朝廷的認可。〔註107〕另外，北魏也有專門從事漕運事宜的官員，但多爲臨時制宜。宣武帝元恪時期，劉嵩「請疏黃河，以通船漕，授龍門都將。歷年功不就，坐流。」〔註108〕

　　戰亂時期運輸頻繁，作爲漕運這一重要運輸方式除了中央和地方相關部門重視外，勢必還會引起關係軍事部門的重視。軍事將領在這方面的表現尤其引人注目。劉胤爲平南將軍、都督江州諸軍事、領江州刺史，「是時朝廷空罄，百官無祿，惟資江州運漕。而胤商旅繼路，以私廢公。有司奏免胤官」〔註109〕劉胤把持江州漕運爲白己謀私利，竟影響到國家財政。苟晞爲大將軍大都督、督青徐兗豫荊揚六州諸軍事，「晞以京邑荒饉日甚，寇難交至，表請遷都，遣從事中郎劉會領船數十艘，宿衛五百人，獻穀千斛以迎帝。」〔註110〕苟晞若非控制青徐兗豫荊揚一帶的漕運是無法派人運穀至洛陽的。而僅從長江一線漕運米布至洛陽的規模就一向很大，永嘉四年（西元310年），周馥等人上書懷帝遷都壽春：「淮揚之地，北阻塗山，南抗靈嶽，名川四帶，有重險之固。是以楚人東遷，遂宅壽春，徐、邳、東海，亦足成嶡。且漕運四通，無患空乏。……荊、湘、江、揚各先運四年米租十五萬斛，布絹各十四萬匹，以供大駕。」〔註111〕壽春

〔註104〕見《水經註》卷4《河水註》。
〔註105〕見《水經註》卷4《河水註》。
〔註106〕見《晉書》卷100《陳敏傳》。
〔註107〕見《魏書》卷38《刁雍傳》。
〔註108〕見《北史》卷20《劉庫仁傳》。
〔註109〕見《晉書》卷81《劉胤傳》。
〔註110〕見《晉書》卷61《苟晞傳》。
〔註111〕見《晉書》卷61《周馥傳》。

一帶的漕運更是在軍事上有重要作用，永嘉六年（西元 312 年），石勒「發自葛陂，遣石季龍率騎二千距壽春。會江南運船至，獲米布數十艘，將士爭之，……」〔註112〕因此對壽春的爭奪直接關係到戰爭物資的轉運。因此軍事將領們對漕運的安全尤爲重視。沈攸之爲車騎大將軍，開府儀同三司，屬官倉曹參軍專事運輸。「及攻郢城，夜遇風浪，米船沉沒，倉曹參軍崔靈鳳女幼適柳世隆子，攸之正色謂曰：『當今軍糧要急，而卿不以在意，將由與城內婚姻邪？』」〔註113〕齊中興元年（西元 501 年）蕭衍起兵克江州後以驍騎將軍鄭紹叔監江州事，主要任務便是督運漕糧，告誡鄭紹叔曰：「『今之九江，昔之河內，我故留卿以爲羽翼。前途不捷，我當其咎，糧運不繼，卿任其責。』紹叔流涕拜辭，於是督江、湘糧運無闕乏。」〔註114〕前述沈瑀以尙書右丞負責漕運，深得蕭衍賞識，「後王師北伐，徵瑀爲建威將軍，督運漕，尋兼都水使者。」〔註115〕沈瑀以建威將軍兼任都水使者更加說明了漕運在軍事上的重要地位。這些軍事將領在漕運管理方面所起的重要作用在魏晉南北朝時期具有獨特的意義，呈現出明顯的時代特色。

漕運是一項專業性較強的公共工程，它雖有自己的主管機構，但因其所運輸的多是糧食或稅賦等。所以，因其所運對象的緣故，或主管糧食的部門或財政機關等便也涉及到漕運的管理。

據《後漢書》志 26《百官三》大司農有屬官太倉令一人，職責爲「主受郡國傳漕穀。」魏晉沿置，第 7 品。東晉時，又有東倉、石頭倉丞。南朝宋、齊、梁、陳均有太倉令。西晉時大司農之下設有東西南北護漕掾。〔註116〕由於資料缺乏，該職官的具體職能已不可考。不過，東西南北護漕掾很可能是協調全國漕渠通暢，以保證漕糧能夠順利運抵太倉的官員。所以，在魏晉南北朝時期，太倉令和東西南北護漕掾即爲漕運管理的關涉機構。

魏晉南北朝時期的漕運事業主要是基於戰爭的需要而出現的，所以在品質上無法保證，戰爭結束後也缺乏必要的維護，多數漕渠也就逐漸湮廢了。加之由於政權更迭頻繁，政治動盪的緣故，表現在管理上，似乎呈現出一種無序的狀態。但仔細分析該時期漕運管理的特點，該時期是採取皇帝——權臣決策，

〔註112〕見《晉書》卷 104《石勒載記上》。
〔註113〕見《宋書》卷 74《沈攸之傳》。
〔註114〕見《南史》卷 56《鄭紹叔傳》。
〔註115〕見《梁書》卷 53《良吏・沈瑀傳》。
〔註116〕見《晉書》卷 24《職官志》。

地方郡守和軍事將領負責管理的體制。其管理機構由以度支尙書、尙書右丞爲中心的決策機構和以都水使者爲代表的專門職官與地方郡守組成的管理機構構成。大司農及其屬官在漕運管理也起了相當的作用，成爲漕運管理的關涉機構。由於戰爭需要所體現出來的軍事性成爲該時期漕運管理的主要特點。

　　魏晉南北朝時期在漕運的管理方面所呈現出來的特點對隋同樣產生了巨大的影響。隋時所開鑿的漕渠的主要功用中除山陽瀆用以伐陳，永濟渠主要用於用兵遼東的目的外，其餘的均以租賦運輸的經濟目的爲主。〔註117〕在漕渠的決策方面也由魏晉南北朝時期的皇帝——權臣決策轉換爲以皇帝決策爲主。開皇初，京師糧食倉廩尙虛，漕運糧食至關中是當時的重要任務。雖然在衛州、洛州、陝州、華州廣泛置倉，轉相灌注，「又遣倉部侍郎韋瓚，向蒲、陝以東，募人能於洛陽運米四十石，經砥柱之險，達於常平倉者，免其征戍。」〔註118〕然而這些舉措並不奏效。解決問題的最有效辦法還是重開漕渠。於是開皇四年發詔開渠，「……命宇文愷率水工鑿渠，引渭水，自人興城東至潼關，三百餘里，名曰廣通渠。轉運通利，關內賴之。」〔註119〕可見，廣通渠的決策是由隋文帝決定的。其餘，山陽瀆、通濟渠、永濟渠、江南河等均是皇帝親自詔發興建的。而負責執行的如前表所示，則是由皇帝親自任命的具備專業技術的近臣擔任。據《隋書》卷 46《元暉傳》記載，開皇初年，元暉因爲建議決灌三畤原，漑田數千頃，頗有成效，而「尋轉兵部尙書，監漕渠之役。」此事發生在開皇初年，因此元暉所監「漕渠之役」當爲廣通渠的建設。其所擔任的具體官職不詳，很可能是隋文帝臨時委派。和洪亦然，據《隋書》卷 55《和洪傳》記載：「數歲，徵入朝，爲漕渠總管監，轉拜泗州刺史。」關於「漕渠總管監」一職，《隋書·百官志》不載；另外，從和洪隨即「轉拜泗州刺史」看，很可能也是臨時性差遣。與之相同，郭衍在開富民渠時所任「開漕渠大監」一職也屬此類。〔註120〕這種漕渠建設中臨時性差遣的職官的出現，表明了隋時漕運的決策權進一步集中在皇帝手中。

<hr>

〔註117〕這只是一種爲了研究方便而採用的籠統劃分，如江南河在整修之初其目的也有極強的軍事色彩。蔣福亞先生在《三吳地區經濟的發展和江南河的開鑿》一文中不僅指出了江南河的經濟意義，而且揭示了其軍事目的。文載《運河訪古》，上海人民出版社，1986 年 10 月。
〔註118〕見《隋書》卷 24《食貨志》。
〔註119〕見《隋書》卷 24《食貨志》。
〔註120〕見《隋書》卷 61《郭衍傳》。

在管理機構方面的影響也很大。據《通典》卷 27《職官九》記載：「隋開皇三年，廢都水臺入司農，十三年，復置。仁壽元年，改臺爲監，更名使者亦爲監。煬帝又改爲使者，尋又爲監，加置少監，又改監及少監並爲令，領舟楫、河渠二署。」至於隋都水臺的構成，據《隋書》卷 28《百官志下》記載：「都水臺，使者及丞各二人，參軍三十人，河堤謁者六十人，錄事二人。領掌船局、都水尉二人，又領諸津。」這說明隋時漕運的管理機構是與魏晉南北朝時期的管理機構是一脈相承的。所不同的是隋加置「河渠署」，〔註121〕這表明漕渠建設已經由專門機構規劃，同時也說明河渠建設更加受到重視。前述魏晉南北朝或置或否的尙書水部一職，在隋仍然存在，據《通典》卷 23《職官五》記載：「隋初爲水部侍郎，屬工部。煬帝除『侍』字。……掌川瀆、津濟、船艫、浮橋、渠堰、漁捕、運漕、水碾磑等事。」可見，屬於工部的水部侍郎的執掌涉及水利事業的各個部分。但是它與都水臺（監）的關係缺乏具體事例來考察，但就此時屬於三省六部制形成之肇始階段而言，「尙書省主管政令，發揮指揮督責作用，卿監諸司則根據政令負責各項有關具體事務。」〔註122〕因此，兩者之間的關係很可能同樣是這種相互協作、密切配合的關係。

隋代國祚甚短且囿於資料有限，因此對隋代漕運的地方管理機構無法做更深的探討。但與秦漢、魏晉南北朝相比較，隋時對於漕運的決策與執行進一步集中於皇帝。最高當權者對於漕運的控制愈發重視。其背後的原因有兩點：一、政治上，隨著統一局面的出現，皇權的逐步加強，漕渠在這一方面的鞏固作用隨之加強。二、經濟上，隨著經濟重心的南移，尤其是東南一帶的租賦在國家經濟中作用越來越重要。漕運作爲租賦運輸的重要手段其重要性也日益突出。

〔註121〕《通典》卷 27《職官九》載：「河渠署：隋煬帝置，令、丞各一人。」
〔註122〕此係黎虎先生在《漢唐外交制度史》中的相關論述，詳見該書 P311。

第三章 郵 驛

　　早在先秦時期資訊傳遞的重要性就受到了重視，《孟子》卷 6《公孫丑上》記載：「孔子曰：『德之流行，速於置郵而傳命。』」〔註 1〕這就表明，「置郵」的目的是爲了迅速傳達政令。秦統一六國後，秦始皇所頒佈的政令中有「車同軌，書同文字。」〔註 2〕的內容，其實質仍然是爲了有效地進行資訊傳遞。秦的資訊傳遞構成已經系統化，據《晉書》卷 30《刑法志》載《魏律序》曰：「秦世舊有廄置、乘傳、副車、食廚，漢初承秦不改，……。」從秦漢至魏晉南北朝時期出現了許多彼此相關的資訊傳遞形式，主要有：亭、郵、置、驛、傳等。這些形式經過長期的發展和整合，最終在魏晉南北朝時期形成了以郵驛爲主要形式的資訊傳遞系統。

一、郵驛狀況

　　樓祖詒先生在《中國郵驛發達史》中就郵驛的發展規律進行了總結。他說：
　　　郵驛制度良窳，隨政治情形而異。無論創業垂統，或守成紹緒，但使政局安定，庶政修明，郵驛之制，無不整頓甚力，若使天下分崩，中原鼎沸，戰禍迭起，寰宇騷然，既已陷民不聊生，則驛馬倒斃，驛夫逃亡，自無形隳敗矣。東漢末年，國內大亂，交通史上之秦漢時代已轉入淪落時期。三國、兩晉、南北朝、五胡十六國，割據擾攘，不可終日，於此而求大規模之驛政制度，乃事實之不可能。無

〔註 1〕 見《孟子正義》卷 6《公孫丑上》，〔清〕焦循撰，沈文倬點校。中華書局新編諸子集成（第一輯），1987 年版。
〔註 2〕 見《史記》卷 6《秦始皇本紀》。

已，其惟零篇斷簡見垣一方而已。〔註3〕

然而情況並不是這樣，魏晉南北朝時期通訊系統並沒有因為割據戰亂而淪落，反而正是由於戰爭的需要使得資訊傳遞形式發生了巨大的變化，戰爭的頻繁要求資訊傳遞必須及時、迅捷。而驛是由行動快捷的馬匹來承擔通訊任務的，驛取代秦漢以來的亭、置、傳等通訊形式是符合戰爭的基本要求的。

一般認為亭是秦漢時期的資訊傳遞機構之一。高敏先生認為：「……亭除了『司奸盜』的作用外，還是傳遞資訊的機構之一。」〔註4〕王子今先生在分析了「亭與交通有關」的基礎上指出：「對於全國總體防禦結構來說，以『亭』結成的軍事通信系統在所謂『亭障』、『亭徼』這種『衛邊之備』中，可能又具有受到優先重視的作用。」〔註5〕這些觀點的共同之處是均把亭視為傳遞資訊的機構。另外，除了資訊傳遞的功能之外，亭還以「司奸盜」為其主要職能，據《後漢書》志28《百官五》記載：「亭有亭長，以禁盜賊。」本註曰：「亭長主求捕盜賊，承望都尉。」又引《漢官儀》云：「設十里一亭，亭長、亭候；五里一郵，郵人居間，相去二里半，司奸盜。亭長持二尺板以劾賊，索繩以收執賊。」亭的這種執法功能和通訊功能兼具的特點說明其在秦漢時期的地方機構中佔有重要地位。

徐樂堯先生根據居延漢簡所反映出的情況，將居延邊塞的亭分為：遂亭、郵亭、農亭、都亭、鄉亭、市亭、門亭、城亭等幾類。〔註6〕關於這些亭各自的職能，他指出：「……可見居延邊塞亭的設置相當廣泛，有主候望的隧亭；掌傳遞文書的郵亭；負責屯田事宜的農亭；接待官吏使者的都亭與鄉亭；管理集市貿易的市亭；守護城門及里門的門亭等等，其性質與職能是多種多樣的。」〔註7〕

與漢代相比，魏晉南北朝時期亭無論在建置還是在功能上均有所衰退。首先在資訊傳遞上，「以亭行」等資訊傳遞方式已經不見。其次，亭的功能已

〔註3〕 見樓祖詒先生著《中國郵驛發達史》，載《民國叢書》第三編，上海書店據中華書局，1928年版影印。

〔註4〕 詳見高敏先生《秦漢郵傳制度考略》，載《歷史研究》，1985年3期。

〔註5〕 詳見王子今先生《秦漢交通史稿》第14章《秦漢通信形式》，中共中央黨校出版社，1994年版。

〔註6〕 徐樂堯：《居延漢簡所見的邊亭》一文，見甘肅省文物工作隊、甘肅省博物館編《漢簡研究文集》，甘肅人民出版社，1984年9月第一版。

〔註7〕 徐樂堯：《居延漢簡所見的邊亭》一文，見甘肅省文物工作隊、甘肅省博物館編《漢簡研究文集》，甘肅人民出版社，1984年9月第一版。

經衰退爲一種建築名稱。廖生訓認爲：「這一時期亭的建置在不斷減少，而且作爲漢代重要的資訊傳遞機構之一，亭逐漸喪失了其通訊職能。除了所保留的供給飲食宿止的功能，及用於指稱專有地名外，亭漸演變爲具體的宴樂遊要場所，甚而作爲一種普通的建築名稱而存在。」〔註8〕但是亭在魏晉南北朝時期仍然存在。據《晉書》卷49《嵇康傳》記載：「初，康嘗游於洛西，暮宿華陽亭，引琴而彈。夜分，忽郵客詣之，……」同卷《謝鯤傳》記載謝鯤「嘗行經空亭中夜宿，此亭舊每殺人。」可見此時亭不但是接待住宿的機構而且接待郵人，其通訊職能依然存在。東晉時曾一度恢復亭制，但其時亭的主要目的和秦漢時期一樣在於穩定社會治安。據《晉書》卷68《賀循傳》記載：「時江東草創，盜賊多有，帝思所以防之，以問以循。循答曰：『沿江諸縣各有分界，分界之內，官長所任，自可度土分力，多置亭候，恒使徼行，峻其綱目，嚴其刑賞，使越常科，勤則有殊榮之報，墮則有一身之罪，謂於大理不得不爾。』帝從之。」梁時，范雲爲始興內史，「郡多豪猾大姓，二千石有不善者，謀共殺害，……邊帶蠻俚，尤多盜賊，……雲入境，撫以恩德，罷亭候，商賈露宿，郡中稱爲神明。」〔註9〕前秦盛時也設亭，「自長安至於諸州，皆夾路樹槐柳，二十里一亭，四十里一驛，……」〔註10〕亭一般由亭吏管理，據《晉書》卷123《慕容垂載記》記載，慕容垂欲入鄴城拜廟，苻丕不許，「（垂）乃潛服而入，亭吏禁之，垂怒，斬吏燒亭而去。」北魏時，「遷徙七鎮，別置諸戍，明設亭候，以備北虜。」〔註11〕從以上狀況可以看出魏晉南北朝時期的亭的通訊功能已經大大降低，主要以「司奸盜」爲其主要職能。

　　亭在這一時期萎縮的原因主要爲在分裂局面下法制體系的破壞，尤其是地方執法體系被破壞，直接造成了亭的萎縮，各種類型的亭隨之喪失其功能，表現爲：1、經濟上的衰退，尤其是農業生產的衰退，造成了亭的經濟功能的喪失，如漢代的「農亭」，此時已經完全不見。2、在國家分裂的情況下，邊疆軍事防禦體系同樣大大削弱，漢代普遍存在的「遂亭」，此時也消失了。3、資訊傳遞上，漢代廣泛存在的「以亭行」等形式，也消失了，其功能由速度相對來說更爲快捷的驛取代。

〔註8〕　詳見廖生訓碩士論文《魏晉南北朝館驛建置探論》，文藏首都師範大學圖書館。
〔註9〕　見《梁書》卷13《范雲傳》。
〔註10〕　見《晉書》卷113《苻堅載記上》。
〔註11〕　見《魏書》卷88《良吏・宋世景傳》。

　　傳也是用於傳遞資訊的機構。據《史記》卷 105《扁鵲倉公列傳》記載：「以刑罪當傳西之長安。」《史記索隱》曰：「傳，乘傳送之。」漢高祖時期，田橫「乘傳詣洛陽」，顏師古註曰：「傳者，若今之驛，古者以車，謂之傳車，其後又單置馬，謂之驛騎。」〔註 12〕漢代對於傳馬、傳車、傳信的管理制定有嚴格的管理制度：

　　首先對傳馬編輯名籍，詳細記錄傳馬的身高、毛皮顏色、年齒、名字等相關資料。懸泉漢簡收錄有《傳馬名籍》一冊，就詳細記錄了懸泉置傳馬的年齒、顏色、高度、名字等，數量達九匹。〔註 13〕

　　其次，對於傳馬的傷、病、死亡等情況進行詳細的記錄，而且規定必須及時彙報。〔註 14〕

　　再次，與傳馬一樣，傳車的情況也有詳盡的規定，對傳車的使用狀況、相關設施的完備程度進行記錄；對於傳車的派發和歸還均有一套完備的手續。懸泉漢簡收錄有《傳車亶（氈）舉簿》一冊，詳細記錄了各個傳車運轉狀況及其配件的完備程度。〔註 15〕

　　還有，漢代對於傳信的失亡有一整套嚴格的管理制度，首先就失亡的傳信內容和數量詳細登記；其次傳信一般留有副本，以防失亡，已經失亡的則制定有嚴密的追尋程式。〔註 16〕

　　東漢後期，傳的通訊功能已經大大萎縮，與「舍」合一，成為以住宿為主要職能的接待機構。據《三國志》卷 8《張魯傳》記載：「諸祭酒皆作義舍，如今之亭傳。又置義米肉，懸於義舍，行路者量腹取足。」這表明舍與亭傳有一脈相承的關係，而且在一定程度上具備傳遞資訊的功能。《三國志》卷 49《吳書·劉繇傳》註引《續漢書》曰：「（劉）寵嘗欲止亭，亭吏止之曰：「整頓傳舍，以待劉公，不可得止。」可見，傳與舍合一後，傳遞資訊的職能已不具備。另據《三國志》卷 18《魏書·龐淯傳》記載，武威太守張猛與雍州刺史邯鄲商素不協，張猛率兵擒獲邯鄲商，「……以商屬督郵。督郵錄商，閉

〔註 12〕見《漢書》卷 1《高帝紀下》。
〔註 13〕詳見《敦煌懸泉漢簡釋粹》九七《傳馬名籍》，張德芳、胡平生編撰，上海古
　　　　籍出版社，2001 年版。
〔註 14〕詳見《敦煌懸泉漢簡釋粹》二二、二六、九八、九九、一四七、一五二。
〔註 15〕詳見《敦煌懸泉漢簡釋粹》一○二《傳車（氈）舉簿》，張德芳、胡平生編撰，
　　　　上海古籍出版社，2001 年版。
〔註 16〕詳見《敦煌懸泉漢簡釋粹》二七、二八、二九、三○。

置傳舍。」表明傳舍與亭早在東漢時期已經合一。這可能和傳用車與驛用馬相比行動相對遲緩的緣故有關。

　　郵也是資訊傳遞的重要形式之一。據《廣雅》記載：「郵，驛也。」〔註17〕另外在敦煌懸泉漢簡中也可以發現郵、置並稱。〔註18〕陳夢家先生認爲：「郵爲傳遞文書的專門機構，它與亭、傳、置、驛並爲大道上有關交通的設置，且往往重疊於一處互相通用，……」〔註19〕但是郵也有單獨的建置，在漢代廣泛設置，《說文解字》解釋爲「竟上行書舍」。〔註20〕另外，從《張家山漢墓竹簡‧二年律令‧行書律》中記載了郵的規模和部分地區郵的設置里程：

　　　　「一郵十二室。長安廣郵廿四室，敬（警）事郵十八室。」二六五

　　　　「十里置一郵。南郡江水以南，至索（？）南水廿里一郵。」二六四

　　　　「北地、上、隴西，卅里一郵。」二六六

因此在郵的建制廣泛存在的情況下，出現了「宗帥得因郵亭書言宗伯，請以聞。」；〔註21〕「因郵上封事」；〔註22〕「因郵奏」〔註23〕等政治行爲。薛宣子薛惠任彭城令期間，因「橋梁郵亭不修」，而被薛宣視爲「不能」。〔註24〕因此郵書傳遞的通暢與否是考察官吏的一個重要條件。

　　郵一般有專門的郵人進行管理，如《張家山漢墓竹簡‧二年律令‧行書律》所載：

　　　　「復屬、巴、漢（？）中、下辨、故道及雞翎中五郵，郵人勿令繇

　　　　戍，毋事其戶，毋租其田一頃，勿令出租、芻稾。」二六八

郵人的稱謂最早出現於戰國、秦時期，據對湖南里耶戰國——秦代古城發掘中發現的簡文記載：「卅二年正月戊寅朔甲午啓陵鄉夫敢言之，成里典啓陵郵

〔註17〕見《後漢書》卷68《郭太列傳》註引《廣雅》。

〔註18〕《敦煌懸泉漢簡釋粹》記載：「入西書八，郵行。……永平十五年三月九日人定時，縣（懸）泉郵孫仲受石靡郵牛羌。」一一六。

〔註19〕陳夢家：《漢簡考述》第二篇《郵程表與候官所在》，載陳夢家著《漢簡綴述》（考古學專刊甲種第十五號），中國社會科學院考古研究所編輯，中華書局，1980年版。

〔註20〕見《說文解字註》六篇下《邑部》，許愼撰，段玉裁註。上海古籍出版社，1988年第二版。

〔註21〕見《漢書》卷12《平帝紀》。

〔註22〕見《漢書》卷75《京房傳》。

〔註23〕見《後漢書》卷1《光武帝紀下》。

〔註24〕見《漢書》卷83《薛宣傳》。

人缺除士五，成里勾成爲典勾爲郵人，謁令尉以從事敢言之。」〔註25〕另外還有郵書史、郵書令史等稱謂，〔註26〕它們的職能無疑也是管理郵書事務。

至於「置」，其實是以郵而來，同時是驛傳的另外一種稱謂，其名稱是由傳驛停駐地演化而來。「置者，置傳驛之所，因名置也。」〔註27〕從敦煌懸泉漢簡的記載中也可發現置、驛互稱，「永元元年十二月廿七日，夜參下餔分盡時，縣（懸）泉驛徒吾就付萬年驛。」〔註28〕《史記索隱》曰：「《廣雅》云：『置，驛也。』《續漢書》云：『驛馬三十里一置。』故樂產亦云傳置一也。言乘傳者以傳次受名，乘置者以馬取匹。」〔註29〕另外，《後漢書》卷68《郭太列傳》註引《風俗通》記載：「漢改郵爲置。置者，度其遠近之間置之也。」置與置之間的距離一般相隔三十里。〔註30〕漢武帝時，戾太子劉據謀反，攻丞相府，「是時上避暑在甘泉宮，丞相長史乘疾置以聞。」顏師古註曰：「置，謂所置驛也。」〔註31〕天漢二年（西元前99年）漢武帝懷疑李陵與路博多破壞軍事計畫，詔問李陵：「因騎置以聞，所與博多言者云何？具以書對。」顏師古註曰：「騎置，謂驛騎也。」〔註32〕這段材料不但說明驛置合一，驛傳在軍情傳達方面運轉迅捷、高效；而且從武帝要求李陵將有關情況「具以書對」可以看出驛傳的運轉頻率是相當高的，使得皇帝與將領之間保持密切的聯繫。

在西域地區同樣廣泛設立此類驛傳機構，「列郵置於要害之路，馳命走驛，不絕於時月，……」〔註33〕這對於加強中央對西域的控制，是有重要意義的。此外，置與傳也可合稱爲置傳，不但在邊遠地區設置而且內地也有，據《張家山漢墓竹簡‧二年律令‧津關令》記載：「相國上長沙丞相書言，長

〔註25〕 見湖南省文物考古研究所等：《湖南龍山里耶戰國－秦代古城一號井發掘簡報》，載《文物》2003年第一期。
〔註26〕 《敦煌懸泉漢簡釋粹》記載：「永始四年四月乙未，效谷守長、敦煌左尉護謂郵書史」一二〇「郵書令史記傳到□」一二一
按：張德芳、胡平生兩先生註釋：「郵書令史一職，僅見於懸泉簡中。當爲郵書掾的屬吏，協助郵書掾管理郵書事務的小吏。」
〔註27〕 見《古今圖書集成》卷258《驛遞彙考一》。
〔註28〕 詳見《敦煌懸泉漢簡釋粹》一〇六，張德芳、胡平生編撰，上海古籍出版社，2001年版。
〔註29〕 見《史記》卷10《孝文本紀》。
〔註30〕 《後漢書》誌29《輿服上》記載：「驛馬三十里一置，……」
〔註31〕 見《漢書》卷66《劉屈氂傳》。
〔註32〕 見《漢書》卷54《李廣傳附李陵》。
〔註33〕 見《後漢書》卷88《西域傳》。

沙卑濕，不宜馬，置缺不備一駟，未有傳馬，請得買馬十，給置傳，以爲恒。相國御史以聞，請許給買馬。制曰：可。」〔註34〕

　　對於置的管理狀況，史籍不載。但根據居延漢簡可發現一般設「置佐」進行管理，而且居延漢簡還記錄了當時的一些置名，如：「義置」、「平林置」、「居延置」、「鈞著置」等。〔註35〕另據《敦煌懸泉漢簡釋粹》記載，漢代的懸泉置、遮要置是由敦煌太守直接委派官員管轄的，一般稱之爲「置史」。例如：「神爵四年正月丙寅朔壬辰，敦煌太守快、庫丞何兼行丞事，告領縣（懸）泉置史光，寫移書到，……」〔註36〕懸泉漢簡中還保留任免置史的冊書——《調史監遮要置冊》，該冊書記載：「監遮要置史張禹，罷。守屬解敞，今監遮要置。」〔註37〕置史的主要掾屬有丞、嗇夫：

> 「甘露四年七月丙午朔己酉，縣（懸）泉置守丞置敢言之……嗇夫
> 義，得之：佐世忠。」七八
>
> 「初元二年三月辛巳，縣（懸）泉置丞敢言之，辛卯……」七九
>
> 「建平二年六月辛酉，縣（懸）泉置嗇夫敞敢言之：……」七七
>
> 「入閏月、四月御錢萬。陽朔二年四月壬申，縣（懸）泉置嗇夫尊
> 受少内嗇夫壽。」八八〔註38〕

由此可見，亭、郵、驛、傳、置等均爲秦漢時期就已經出現的資訊傳遞機構。關於他們之間的區別，首先以郵與亭兩種機構來說，除了有固定的處所外，亭還有「司奸盜」的職能；而傳與驛，則主要是郵遞性質的機構；其次，這些資訊傳遞機構在交通線上設置的距離不同。如郵是每五里設一個；亭是每十里設一個；而驛則是每三十里一置；至於傳，史籍中無正面記載其設置距離者，推測大約也是每三十里設一傳。〔註39〕此外，漢代詳細規定了驛馬的數量，從數量上區別了各類驛騎的速度，說明了所傳遞資訊的輕重緩急，《史

〔註34〕《張家山漢墓竹簡・二年律令・津關令》五一六～五一七。
〔註35〕王子今先生對於「置佐」以及居延漢簡中反映的「置」的狀況做了詳盡的考察。詳見氏著《秦漢交通史稿》第十四章《秦漢通信形式》，中共中央黨校出版社，1994 年版。
〔註36〕見《敦煌懸泉漢簡釋粹》七四，張德芳、胡平生編撰，上海古籍出版社，2001年版。
〔註37〕見《敦煌懸泉漢簡釋粹》七六，張德芳、胡平生編撰，上海古籍出版社，2001年版。
〔註38〕見《敦煌懸泉漢簡釋粹》張德芳、胡平生編撰，上海古籍出版社，2001 年版。
〔註39〕詳見高敏先生《秦漢郵傳制度考略》，載《歷史研究》，1985 年 3 期。

記》卷 10《孝文本紀》引如淳曰：「律，四馬高足爲傳置，四馬中足爲馳置，下足爲乘置，一馬二馬爲軺置，如置急者，乘一馬曰乘也。」由此也可認定置與傳也是同一機構。

魏晉南北朝時期由於戰爭的需要，在繼承秦漢時期的亭、郵、驛、傳、置等通訊形式的基礎上最終形成了以驛爲主體的資訊傳遞形式。前引陳夢家先生觀點，郵與驛等機構往往重疊通用。因此該時期的郵驛體系其實是以驛爲主的交通通訊體系，郵成爲郵書的代稱。由於驛傳一般是由驛馬與傳車組成，它的運行需要以良好的交通系統爲基礎，而魏晉南北朝時期的交通建設有一部分爲臨時制宜，在品質上無法保證。因此，活動靈活的驛馬相對傳車而言卻更能適應惡劣的交通條件。這是郵驛代替驛傳的原因之一。〔註 40〕顧炎武認爲傳車被淘汰的原因是由於其速度不快所致，「漢初尙乘傳車，如鄭當時、王溫舒皆私具驛馬，後患其不速，一概乘馬矣。」〔註 41〕

三國時期，驛的使用極爲頻繁，詔令的發佈多由驛來執行。據《三國志》卷 19《魏書‧任城威王彰傳》記載：「太祖至洛陽，得疾，驛召彰，未至，太祖崩。」〔註 42〕魏文帝時，曹休上表意欲渡江伐吳，文帝以爲不可，「驛馬詔止」。〔註 43〕不久，諸葛亮北伐，「急攻陳倉，（文）帝驛馬召（張）郃到京都。」〔註 44〕青龍三年（西元 235 年），魏明帝病危，「驛馬」召司馬懿，囑以後事。〔註 45〕由於驛的重要性越來越明顯，魏時陳群等人專門制定了《郵驛令》，據《晉書》卷 30《刑法志》記載：「秦世舊有廄置、乘傳、副車、食廚，漢初承秦不改，後以費廣稍省，故後漢但設騎置而無車馬，而律猶著其文，則爲虛設，故除《廄律》，取其可用合科者，以爲《郵驛令》。」這條材料說明東漢以來「騎置」成爲驛傳系統的主要構成部分。曹魏時更以法律的形式確定了其地位。因此，郵驛在曹魏政權的政治、經濟、軍事中佔有相當重要的地位。

蜀漢在驛的建設方面也投入了大量的人力、物力，「昔劉備自成都至白水，多作傳舍，興費人役，……」〔註 46〕張嶷爲越嶲太守，爲穩定當地局勢，

〔註 40〕這也決定了馬匹在戰爭中承擔多種職能。
〔註 41〕見《日知錄集釋》卷 29，〔清〕顧炎武著，〔清〕黃汝成集釋，秦克誠點校，嶽麓書社 1994 年版。
〔註 42〕見《三國志》卷 3《魏書‧明帝紀》。
〔註 43〕見《三國志》卷 14《魏書‧董昭傳》。
〔註 44〕見《三國志》卷 17《魏書‧張郃傳》。
〔註 45〕見《三國志》卷 3《魏書‧明帝紀》。
〔註 46〕見《三國志》卷 22《魏書‧陳群傳》。

修復舊有的旄牛道，採取安撫當地土著首領狼路的措施，「路乃率兄弟妻子悉詣嶷，嶷與盟誓，開通舊道，千里肅清，復古亭驛。」〔註47〕諸葛亮派陳震出使東吳，蜀吳兩國交好，雙方「驛使往來，冠蓋相望，……。」〔註48〕

　　西晉、十六國時期郵驛在戰爭中發揮了非常突出的作用。孫惠爲司馬越記室參軍，「每造書檄，越或驛馬催之，應命立成，皆有文采。」〔註49〕八王之亂，「翊軍校尉李含乘驛密至」，使司馬顒誅殺司馬冏。〔註50〕另據《宋書》卷 18《禮志》所引《晉令》曰：「乘傳出使，遭喪以上，即自表聞，聽得白服乘騾車，……」石勒爲麻痹王濬「勒遂爲卑辭以事之，獻遺珍寶，使驛相繼。」〔註51〕擒獲王濬後「使其將王洛生驛送濬襄國市斬之。」〔註52〕可見後趙的郵驛系統是比較完備的。另據《晉書》卷 77《蔡謨傳》記載，東晉欲攻壽陽，蔡謨不同意，其中的原因就有：「而賊之郵驛，一日千里，河北之騎足以來赴，非惟鄰城相救而已。」此外，石虎還曾「遣驛馬迭（麻襦）還本縣，……」〔註53〕前秦亦然，苻堅時期，「關隴清晏，百姓豐樂，自長安至於諸州，皆夾路樹槐柳，二十里一亭，四十里一驛，旅行者取給於途，工商貿販於道。」〔註54〕呂光西征，苻堅下令，「若獲（鳩摩）羅什，即馳驛送之。」〔註55〕苻融任司隸校尉，駐關東，深受苻堅信任，「雖鎮關東，朝之大事靡不馳驛與融議之」〔註56〕苻洛起兵，苻堅派竇沖、呂光率兵鎮壓，又遣「右將軍都貴馳傳詣鄴，率冀州兵三萬爲前鋒，……」〔註57〕這說明前秦以長安爲中心的郵驛系統極爲高效、迅捷。

　　東晉在淝水之戰中獲勝，戰況也是通過郵驛系統迅速傳達的，據《晉書》卷 79《謝安傳》記載：「（謝）玄等既破堅，有驛書至，安方對客圍棋，看書既竟，便攝放床上，了無喜色，棋如故。」劉宋與北魏相攻，劉義隆軍中乏食，「太祖遣員外散騎侍郎徐爰乘驛至彭城取米穀定最，爰既去，城內遣騎

〔註47〕見《三國志》卷 43《蜀書·張嶷傳》。
〔註48〕見《三國志》卷 39《蜀書·陳震傳》。
〔註49〕見《晉書》卷 71《孫惠傳》。
〔註50〕見《晉書》卷 59《齊王冏傳》。
〔註51〕見《晉書》卷 39《王沈傳附王浚傳》。
〔註52〕見《晉書》卷 104《石勒載記上》。
〔註53〕見《晉書》卷 95《藝術·麻襦傳》。
〔註54〕見《晉書》卷 113《苻堅載記上》。
〔註55〕見《晉書》卷 95《藝術·鳩摩羅什傳》。
〔註56〕見《晉書》卷 114《苻堅載記下》。
〔註57〕見《晉書》卷 113《苻堅載記上》。

送之。」〔註58〕郵驛不僅承擔傳遞訊息的任務，在緊要關頭還有承擔運輸的責任。劉義恭鎮彭城，「二十八年春，虜退走，自彭城北過，義恭震懼不敢追。其日，民有告『虜驅廣陵民萬餘口，夕應宿安王陂，去城數十里。今追之，可悉得。』諸將並請，義恭又禁不許。經宿，太祖遣驛至，使悉力急追。」〔註59〕同時，「太祖遣隊主吳香爐乘驛敕世祖（劉駿），遣千騎，齎三日糧襲之。」〔註60〕北魏軍過彭城驅廣陵民宿安王陂僅一宿，而此情報卻被遠在建康的劉義隆知曉，並遣驛命令劉義恭急追，並及時調動劉駿的軍隊圍追堵截，劉宋郵驛的迅捷、高效是這次行動成功的關鍵。

沈慶之被前廢帝殺死後，「帝（前廢帝）遣直閤江方興領兵誅（沈）文秀，方興未至，太宗已定亂，馳驛駐之。方興既至，爲文秀所執，……」沈文秀倖免遇難同樣得力於郵驛的快捷。沈攸之起兵，「（陳）顯達遣軍援臺，長史到遁、司馬諸葛導謂顯達曰：『沈攸之擁眾百萬，勝負之勢未可知，不如保境蓄眾，分遣信驛，密通彼此。』」〔註61〕可見，軍隊中的驛書傳遞系統是相當完備的。驛書的傳遞有相當嚴密的規定，如不及時傳達、執行命令，將受到嚴懲。蕭道成討伐沈攸之，給其羅列的罪名之一就有「……而攸之密邇內畿，川途弗遠，驛書至止，晏若不聞，……」〔註62〕

南齊時孔稚珪建議與北魏「通好」，避免互相攻伐，而「通好」的方法就是「輕車出使，通驛虜庭。……然後發衷詔，馳輕驛，辯辭重幣，陳列吉凶。北虜頑而愛奇，貪而好貨，畏我之威，喜我之賂，畏威喜賂，願和必矣。」〔註63〕這表明雙方通過互通郵驛，進行文化和物質的交流，進而達到「通好」的目的。

北魏在資訊傳遞方面，驛、傳並置，但總體來說郵驛是主要的通訊形式。郵驛承擔詔書的發佈，傳達政令。拓跋陋（壽興）「世宗初，爲徐州刺史，在官貪虐，失於人心。其從兄侍中暉，深害其能，因譖之於帝，詔尚書崔亮馳驛檢覆。」〔註64〕拓跋燾「太平眞君三年（西元442年）冬，車駕幸陰山，（盧）魯元以疾不從。侍臣問疾送醫藥，傳驛相屬於路。」〔註65〕盧水胡蓋吳起兵，

〔註58〕見《宋書》卷59《張暢傳》。
〔註59〕見《宋書》卷61《武三王傳》。
〔註60〕見《宋書》卷95《索虜傳》。
〔註61〕見《南齊書》卷26《陳顯達傳》。
〔註62〕見《宋書》卷74《沈攸之傳》。
〔註63〕見《南齊書》卷48《孔稚珪傳》。
〔註64〕見《魏書》卷15《昭成子孫列傳》。
〔註65〕見《魏書》卷34《盧魯元傳》。

詔「詔將軍叔孫拔乘傳領攝并、秦、雍兵屯渭北。」〔註66〕拓跋燾尊崇羅結「朝廷每有大事，驛馬詢訪焉。」〔註67〕裴宣病危，「世宗遣太醫令馳驛就視，並賜御藥。」〔註68〕盧昶朐山之役失利，宣武帝大怒，「遣黃門甄琛馳驛鎖昶，窮其敗狀。」〔註69〕同時「詔（甄）琛馳驛檢按。」〔註70〕高肇忌恨張彝，誣陷張彝，「詔遣直後萬貳興馳驛撿察。」〔註71〕北魏常遣大使巡行州郡，辛雄上書曰：「若不除煩收疾，惠孤恤寡，便是徒乘官驛，虛號王人，往還有費於郵亭，皇恩無逮於民俗。」〔註72〕因此，乘驛往返是大使巡行的主要方式，這從一個側面體現了北魏郵驛的快捷、高效。

在軍事行動中，郵驛同樣發揮了重要作用。《魏書》卷4《世祖紀下》記載，太平眞君六年（西元445年），詔「散騎常侍、成周公萬度歸乘傳發涼州以西兵襲鄯善。」《魏書》卷43《嚴稜傳》記載：「泰常中（西元419年），山陽公奚斤南討，軍至潁川，（嚴）稜率文武五百人詣斤降，驛送稜朝太宗於冀州。」楊椿「轉左衛將軍，又兼尚書右僕射，馳驛詣並肆，齎絹二萬匹，募召恒朔流民，揀充軍士。」〔註73〕孝昌元年（西元525年），徐州刺史元法僧反叛，蕭衍遣將支援，「時遣人都督、安豐王延明督臨淮王彧討之，盤桓不進。乃詔雄副太常少卿元誨爲使，給齊庫刀，持節、乘驛催軍，有違即令斬決。」〔註74〕

北魏時洛陽有私驛存在，《洛陽伽藍記》卷4《城西》記載，「（洛陽大市）市東有通商、達貨二里。里內之人，盡皆工巧，屠販爲生，資財鉅萬。有劉寶者，最爲富室。州郡都會之處，皆立一宅，各養馬一疋，至於鹽粟貴賤，市價高下，所在一例。舟車所通，足跡所履，莫不商販焉。」〔註75〕這是一種典型的商業私驛。

〔註66〕見《魏書》卷4《世祖紀下》。
〔註67〕見《魏書》卷44《羅結傳》。
〔註68〕見《魏書》卷45《裴駿傳》。
〔註69〕見《魏書》卷47《盧玄傳》。
〔註70〕見《魏書》卷68《甄琛傳》。
〔註71〕見《魏書》卷64《張彝傳》。
〔註72〕見《魏書》卷77《辛雄傳》。
〔註73〕見《魏書》卷58《楊播傳》。
〔註74〕見《魏書》卷77《辛雄傳》。
〔註75〕詳見《洛陽伽藍記校註》卷4《城西》，〔北魏〕楊衒之撰，范祥雍校註。上海古籍出版社，1978年新一版。其中「各養馬一疋」，校註：「元河南志一作十，似是。」周祖謨校釋本亦作「十疋」。詳見《洛陽伽藍記校釋》周祖謨校釋，上海書店出版社，2000年版。

　　北魏還有水驛存在，據《魏書》卷91《術藝·徐謇傳》記載，徐謇善醫藥，「（太平）二十二年（西元498年），高祖幸懸瓠，其疾大漸，乃馳驛召謇，令水路赴行所，一日一夜行數百里。」懸瓠位於豫州汝南郡，臨汝水，徐謇當沿汝水一路南下，直抵懸瓠。從令徐謇水路赴行所和速度達到一日一夜數百里看，這條水道一定為北魏重視，長期保持暢通，是北魏通向南方的重要路線。

　　北魏驛馬的數量也極其龐大，正光四年（西元523年），柔然主阿那瓌因部眾遭饑荒，入塞寇抄，「肅宗詔尚書左丞元孚兼行臺尚書持節喻之。孚見阿那瓌，為其所執，以孚自隨，驅掠良口二千，公私驛馬牛羊數十萬北遁，謝孚放還。」〔註76〕雖然驛馬與牛羊合計十萬餘頭，但也從一個側面至少反映了驛馬的數量一定不少。

　　《南齊書》卷57《魏虜傳》史臣曰，有一段評價北魏交通條件的文字：「兼以穹廬華徙，即禮舊都，雍、司北部，親近許、洛，平塗數百，通驛車軌，漢世馳道，直抵章陵，鑣案所驚，晨往暮返。」此所謂雍州，實為東晉元帝所置；司州實為劉宋時僑立於汝南懸瓠之司州，據《南齊書》卷15《州郡下》記載：「雍州，鎮襄陽，晉中朝荊州都督所治也。……宋元嘉中，割荊州五郡屬，遂為大鎮。疆蠻帶沔，阻以重山，北接宛、洛，平塗直至，跨對樊、沔，為鄢郢北門。」司州也是南北相互爭奪之地，「司州，鎮義陽。宋景平初，失河南地，元嘉〔末〕，僑立州於汝南縣瓠，尋罷。泰始中，立州於義陽郡。有三關之隘，北接陳、汝，控帶許、洛。自此以來，常為邊鎮。」這表明北魏統治中心與雍州、司州間的交通條件極為完善，加之舊有馳道，使得之間郵驛相應極為便捷、高效。這為北魏屢屢南攻創造了有利條件，「虜懷兼弱之威，挾廣地之計，彊兵大眾，親自凌殄，旂鼓彌年，矢石不息。」〔註77〕可見發達的道路狀況和完善的郵驛系統是北魏強大的因素之一。

　　北齊郵驛的建設較北魏相比不大顯著，只有李愍為南荊州刺史、當州大都督時，致力於郵驛的建設，據《北齊書》卷22《李元忠傳》記載：「愍勒部曲數千人，徑向懸瓠，從比陽復舊道，且戰且前三百餘里，所經之處，即立郵亭，蠻左大服。」但是從「歸彥舊於南境置私驛，聞軍將逼，報之，便嬰城拒守。」〔註78〕來看，歸顏身為平秦王、太宰、冀州刺史，其所置驛被稱

〔註76〕見《魏書》卷103《蠕蠕傳》。
〔註77〕見《南齊書》卷57《魏虜傳》。
〔註78〕見《北齊書》卷14《歸顏傳》。

為私驛，可見北齊的郵驛系統也很發達。

北齊的郵驛系統也較為迅捷，北周進攻平陽，「後主於天池校獵，晉州頻遣馳奏，從旦至午，驛馬三至，……」〔註79〕北齊的詔書傳達一般也由郵驛來承擔。據《北齊書》卷 7《武成帝紀》記載，世祖高湛傳位與高緯，「使內參乘子尚乘驛送詔書於鄴。」而皇帝同樣掌握著驛傳的發佈，青州刺史高濬多次勸諫高洋，高洋不悅，「濬尋還州，又上書切諫，詔令徵濬，濬懼禍，謝疾不至，上怒，弛驛收濬，老幼泣送者數千人。」〔註80〕

北齊的郵驛管理極為嚴格，不得隨意徵發。「（高）季式豪率好酒，又恃舉家勳功，不拘檢節。與光州刺史李元忠生平遊款，在濟州夜飲，憶元忠，開城門，令左右乘驛持一壺酒往光州勸元忠。朝廷知而容之。」〔註81〕高季式若非出自功勳之家，此種行為無疑將遭到嚴懲。

北周也有快捷的郵驛系統來傳達軍政要事，宇文邕信任於翼，建德四年（西元 575 年）意欲進攻北齊，「……遣納言盧韞等前後乘驛，三詣翼問策焉。」〔註82〕北周郵驛的規模也不小，據《周書》卷 7《宣帝紀》記載，宣帝宇文贇前往洛陽，「帝親御驛馬，日行三百里。四皇后及文武侍衛數百人，並乘驛以從。」沒有數量眾多的驛馬和便捷的交通條件要達到「日行三百里」的速度和大規模的侍從同行是不可能的。

魏晉南北朝時期存在的以住宿為主要功能的「逆旅」在資訊傳播方面也起了重要的作用。關於逆旅的由來，西晉潘岳曾有過敘述，據《晉書》卷 55《潘岳傳》記載「逆旅，久矣其所由來也。……語曰：『許由辭帝堯之命，而舍於逆旅。』《外傳》曰：『晉陽處父過寧，舍於逆旅。』魏武皇帝亦以為宜，其詩曰：『逆旅整設，以通商賈。』」直到東晉，逆旅也存在，東晉太寧二年（西元 302 年），王敦密謀反叛，晉明帝微服偵察，王敦察覺，明帝馳馬而逃，沿途「見逆旅賣食嫗，以七寶鞭與之，曰：『後有騎來，可以此示也。』俄而追者至，問嫗。嫗曰：『去已遠矣。』」〔註83〕這個故事生動地說明了逆旅獨特的資訊傳遞功能。

該時期普遍存在的逆旅不但具有資訊傳播的功能而且多呈現出私人經營

〔註79〕 見《北齊書》卷 50《恩幸傳》。
〔註80〕 見《北齊書》卷 10《高祖十一王傳》。
〔註81〕 見《北齊書》卷 21《高幹傳》。
〔註82〕 見《周書》卷 30《于翼傳》。
〔註83〕 見《晉書》卷 6《明帝紀》。

的性質,《晉書》卷 55《潘岳傳》記載:「行者賴以頓止,居者薄收其直,交易貿遷,各得其所。官無役賦,因人成利,惠加百姓而公無末費。……方今四海會同,九服納貢,八方翼翼,公私滿路。近畿輻輳,客舍亦稠。多有溫廬,夏有涼蔭,蒭秣成行,器用取給。疲牛必投,乘涼近進,發槅寫鞍,皆有所憩。」可見西晉時逆旅的發展已經相當繁榮,但是在繁榮的同時卻也引起了一些「逐末廢農、姦淫亡命、敗亂法度」等社會現象,以至有廢除逆旅,由官營的「官樆」代之的敕令,「時以逆旅逐末廢農,姦淫亡命,多所依湊,敗亂法度,敕當除之。十里一官樆,使老小貧戶守之,又差吏掌主,依客舍收錢。」〔註 84〕潘岳對此持異議,他指出:「又諸劫盜皆起於迴絕,止乎人眾。十里蕭條,則奸軌生心。連陌接館,則寇情震慴。且聞聲有救,已發有追,不救有罪,不追有戮,禁暴捕亡,恒有司存。凡此皆客舍之益,而官樆之所乏也。又行者貪路,告糴炊爨,皆以昏晨。盛夏晝熱,又兼星夜,既限早閉,不及樆門。或避晚關,迸逐路隅,祇是慢藏誨盜之原。苟以客舍多敗法教,官守棘樆,獨復何人?彼河橋孟津,解券輸錢,高第督察,數入校出,品郎兩岸相檢,猶懼或失之。故懸以祿利,許以功報。今賤吏疲人,獨專樆稅,管開閉之權,藉不校之勢,此道路之蠹,奸利所殖也。率歷代之舊俗,獲行留之歡心,使客舍灑掃,以待征旅擇家而息,豈非眾庶顒顒之望。」〔註 85〕潘岳的建議有兩點值得注意,其一,「行者賴以頓止,居者薄收其直,交易貿遷,各得其所。」是逆旅所具備的獨特功能,反映了其在商業資訊傳播方面較為快捷的特點。而這也是其應該得以存在的主要條件。其二,私營的逆旅、客舍等在管理方面大大優於官樆「道路之蠹,奸利所殖」的狀況。「十里蕭條,則奸軌生心。連陌接館,則寇情震慴。」則表明逆旅、客舍在維護社會治安方面也有其獨特的優勢。

二、郵驛的管理機構

　　漢代驛傳郵亭制度之發達本與軍事有密切的關係,它起源於軍用。亭是由軍用的亭障亭候轉變為行旅止宿的郵亭,驛騎傳車最初也大半是為行軍傳遞消息。因此,這整個交通系統在漢時總轄於當時名義上為中央最高的軍事長官的太尉。太尉府中有十二曹,其一曰法曹,就是負責全國的「郵驛科程

〔註84〕 見《晉書》卷 55《潘岳傳》。
〔註85〕 見《晉書》卷 55《潘岳傳》。

事」的。而驛騎的工作，在當時仍以送邊疆緊急及郡國盜匪叛亂的消息爲最重要。這個交通系統，自修路造橋，建築傳舍亭驛，至設官養馬，雇用卒役，全部由政府官辦，所以它在政府財政上佔了很大的一筆支出。西漢時財政制度較爲嚴謹，中央還能支持得了這筆負擔，等到東漢時期，政治制度漸紊，財政政策失當，政府收入低落到不及西漢時的一半，因此政府只好取消了傳車，但保留驛騎了。至漢桓靈之世，吏風敗壞，益發使得這個交通系統的維持更爲艱難，而政府一般行政效率也就隨著大爲降低了。

據《後漢書》志 24《百官一》記載，太尉之下有「長史一人，千石。本註曰：『署諸曹事。』」而諸曹中，「法曹主郵驛科程事。」但是有一種觀點認爲「丞相下屬九卿中的大鴻臚，設官掌管驛傳事務。……行人、大行令即掌管驛傳的官史。」〔註86〕這是不符合事實的，辯正如下。《漢書》卷 19 上《百官公卿表》記載：「典客，秦官，掌諸歸義蠻夷，有丞。景帝中六年更名大行令，武帝太初元年更名大鴻臚。屬官有行人、譯官、別火三令丞及郡邸長丞。武帝太初元年更名行人爲大行令，初置別火。王莽改大鴻臚曰典樂。」《後漢書》志 25《百官二》大鴻臚條的記載，與《漢書》大致相同，除執掌諸王入朝、郡國上計、皇子拜王等的各項禮儀外，「成帝時省併大鴻臚。中興省驛官、別火二令、丞，……」高敏先生也據此記載，認爲：「以此言之，西漢時的大鴻臚下設有驛官令丞。『驛官』與『譯官』不同，前者顯係中央機構中主管郵傳事務的官吏。西漢的大鴻臚既爲秦的『典客』演變而來，則秦時『典客』下的『行人』一官，也應是主管郵傳之事的官吏。」〔註87〕但情況並非如此，大鴻臚一職係「兩漢時期最主要的外交主管機構。」〔註88〕其屬官「行人」，漢武帝太初元年（西元前 104 年）改爲大行令。其職掌據《後漢書》志 25《百官二》大行令條，本註曰「主諸郎。丞一人。治禮郎四十七人。」註引《漢官》曰：「其四人四科，五人二百石，文學五人百石，九人斗食，六人佐，六人學事，十二人守學事。」註引《東觀書》曰：「主齋祠儐贊九賓。」其中，「儐贊」，據《漢書》卷 78《蕭望之傳》記載：平帝元始年間（西元 1～5 年），「作明堂辟雍，大朝諸侯，徵（蕭）由爲大鴻臚，會病，不及賓贊。」顏師

〔註86〕詳見《中國古代道路交通史》第二章《秦漢道路交通的開拓》，人民交通出版社，1994 年版。

〔註87〕詳見高敏先生《秦漢郵傳制度考略》，載《歷史研究》，1985 年第三期。

〔註88〕詳見黎虎先生《漢唐外交制度史》上編《漢代外交制度》第二章《漢代外交專職機構》的相關論述。蘭州大學出版社，1998 年版。

古註曰：「贊導九賓之事。」此外，《後漢書》志 25《百官二》李賢註引盧植《禮》註曰：「大行郎亦如謁者，兼舉形貌。」如此種種均說明大行令及其員吏爲大鴻臚屬官，屬於專職外交官員。可見大鴻臚及其屬官大行令等負責重要的禮賓工作，而非主管郵傳之事的官吏。〔註89〕關於「譯官」和「驛官」，「驛官」很可能是「譯官」的誤寫，兩者分別是《漢書》卷19上《百官公卿表》和《後漢書》志 25《百官二》中對大鴻臚同一屬官的不同記述。大鴻臚爲執掌外交的重要官員，那麼作爲他的屬官－－「譯官」同樣是辦理外交事務的職官，其長官爲令。西漢宣帝時周堪曾任譯官令。〔註 90〕因此「中興省驛官、別火二令丞，……」〔註91〕中的「驛官」應該爲「譯官」。

東漢時期太尉掌全國郵驛交通，但地方的資訊傳遞系統由督郵負責。督郵一職即是地方專門負責這方面事務的官員。西漢時期督郵一職就已經出現，據《敦煌懸泉漢簡釋粹》記載：

> 「建平二年六月辛酉，縣（懸）泉置嗇夫敞敢言之：督郵京掾治所
> 檄曰，縣（懸）泉置後所受……」七七

> 「□檄一，督郵印，詣淵泉。」一一八

建寧二年（西元 169 年），「遂大誅黨人，詔下急捕（范）滂等，督郵吳導至縣，抱詔書，閉傳舍，伏床而泣」。李賢註「傳，驛舍也，……」〔註92〕《後漢書》志28《百官五》記載，在右扶風都尉和京兆虎牙都尉下有「五部督郵」一職。進一步說明「督郵」是專門負責地方驛傳事宜的職官。《後漢書集解》卷 8 引《風俗通》曰：「諸侯及使者有傳信，乃得舍於傳耳。今刺史行部，車號傳車，從事督郵。」這表明地方長官也配有督郵，以便及時傳達資訊。此類督郵的稱謂很多，有「郵書掾」、「府督郵」等〔註93〕

總之，秦漢時期的資訊傳遞無論在類型上還是在效能上已經達到了比較完備的程度。在政令傳達和軍事行動過程中扮演了重要角色；對於維護國家

〔註89〕關於大行治禮郎以及散見於《史記》、《漢書》的「大行禮官」、「大行治禮丞」等，及其相互之間的關係詳見黎虎先生《漢唐外交制度史》上編《漢代外交制度》第二章《漢代外交專職機構》的相關論述。蘭州大學出版社，1998 年版。

〔註90〕見《漢書》卷 88《儒林・周堪傳》。

〔註91〕見《後漢書》誌 25《百官二》。

〔註92〕見《後漢書》卷 67《黨錮列傳・范滂》。

〔註93〕見《後漢書》誌 29《輿服上》：「驛馬三十里一置，……」句註引《風俗通》曰：「今吏郵書掾、府督郵，職掌此。」

的統治，加強地區間的聯繫，進而促進經濟文化的交流、發展都起了非常重要的作用。

魏晉南北朝時期的資訊傳遞系統與秦漢時期有所不同，表現為具有明顯軍事色彩的、單一、迅捷的郵驛系統。魏文帝時期，陳群、劉邵、韓遜等人奉詔傍採漢律，制定魏法，據《晉書》卷30《刑法志》記載：「秦世舊有廄置、乘傳、副車、食廚，漢初承秦不改，後以費廣稍省，故後漢但設騎置而無車馬，而律猶著其文，則為虛設，故除《廄律》，取其可用合科者，以為《郵驛令》。」從這寥寥數言可以發現西漢初期繼承秦時龐大的驛傳系統，由於不堪承擔巨大的開銷而對驛傳系統有所縮減，到了東漢傳車已經取消，只保留了驛置。曹魏時便將過時不用的律文徹底廢除。《郵驛令》的具體內容已經不詳。但曹魏時期郵驛的構成相對秦漢時期已經大大簡化。秦漢以來形成的以郵、置、傳等逐漸消失或功能萎縮。亭雖然得以保留，但在數量上和功能上有所衰退，以驛為主的相對比較單一，行動靈活、快捷的郵驛體系成為魏晉南北朝資訊傳遞的主要內容。

至於郵驛，《後漢書》志29《輿服志上》記載：「驛馬三十里一置。」梁劉昭註：「東晉猶有郵驛共置，承受傍郡縣文書，有郵有驛，行傳以相付。縣置屋二區，有承驛吏，皆條所受書，每月言上州郡。」前述郵有單獨的建置，有相對固定的辦公地點。因此東晉時郵驛共置，很可能是由郵承接驛書。「行傳以相付」之「傳」已非傳車，而是由郵傳達驛書之意。還可發現，東晉的郵驛已經設置到縣，縣裏不僅設立專門的郵驛辦公地點，而且有承驛吏專門負責驛書交接業務，每月定期上報州郡。東晉時期普及到縣一級的郵驛系統保證了政令的及時傳達和各級行政機構間資訊的溝通。

郵驛固定的地點辦公一般由亭充當，據《世說新語》中卷上《雅量第六》記載：「（褚）公東出，乘估客船，送故吏數人，投錢唐亭住。爾時吳興沈充為縣令，當送客過浙江。客出，亭吏驅公移牛屋下。潮水至，沈令起彷徨，問：『牛屋下是何物？』吏云：『昨有一傖父來寄亭中，有尊貴客，權移之。』令有酒色，因遙問：『傖父欲食麩不？姓何等？可共語。』褚因舉手答曰：『河南褚季野。』遠近久乘公名，令於是大遽，不敢移公，便於牛屋下修刺詣公。更宰殺為饌，具於公前，鞭撻亭吏，欲以謝慚。」文中所言「錢唐亭」由專門的亭吏管理，而且為縣令所投宿，因此可以斷定此為地方政府設立的郵驛機構。

　　較之於東漢，在魏晉南北朝時期郵驛傳舍的主管機構都發生了變化。如郵驛的管理機構原爲太尉府之下的法曹，東漢時期法曹就作爲太尉的掾屬而出現，「主郵驛科程事」。〔註 94〕到了西晉時，法曹除負責郵驛科程之外，還兼負責起律令斷罪之事，晉惠帝時，「政出群下，每有疑獄，各立私情，刑法不定，獄訟繁滋。……時劉頌爲三公尚書，又上疏曰：『……今限法曹郎令史，意有不同爲駁，唯得論釋法律，以政所斷，……』」〔註 95〕

　　而曾經以地方資訊傳遞爲己任的「督郵」一職則更爲徹底，在魏晉南北朝時期已經遞變成爲專職的執法官員。陳頵「仕爲郡督郵，檢獲隱匿者三千人，爲一州尤最。」〔註 96〕後涼時期，「張掖督郵傅曜考覈屬縣，而丘池令尹興殺之，投諸空井。」〔註 97〕南朝亦然，大明元年（西元 457 年）謝莊爲都官尚書，上書改定刑獄，內容涉及到督郵的職權，「郡遣督郵案驗，仍就施刑。督郵賤吏，非能異於官長，有案驗之名，而無研究之實。」〔註 98〕這說明督郵所承擔的資訊傳遞功能已經基本喪失。

　　南齊承宋制，其法曹還保持掌管著郵驛的事務。《南齊書》卷 16《百官志》開宗明義地說明：「齊受宋禪，事遵常典，既有司存，無所偏廢。」因此，南齊時，「凡諸將軍加『大』字，位從公。開府儀同如公。凡公督府置佐：長史、司馬各一人，諮議參軍二人。諸曹有錄事，〔功曹〕，記室，戶曹，倉曹，中、直兵，外兵，騎兵，長流賊曹，城局，法曹，田曹，水曹，鎧曹，集曹，右戶，十八曹。〔城〕局曹以上署正參軍，法曹以下署行參軍，各一人。」梁、陳兩朝與宋齊相同，均有法曹行郵驛事，法曹遍佈各公督府。

　　北朝情況與南朝相同，各王府、開府將軍、大丞相府及司空、太師、司徒等均設有法曹、法曹參軍。不過，北魏還有「乘傳使者」一職，可能專門執掌郵驛事宜。〔註 99〕另外，北魏的郵驛管理人員有不同的稱謂，據《南齊書》卷 57《魏虜傳》記載，「僞臺乘驛賤人爲『拂竹眞』，諸州乘驛人爲『咸眞』……」北周甚至設有「驛將」管理郵驛，據《周書》卷 31《韋孝寬傳》記載，尉遲迥遣儀同梁子康追殺韋孝寬，孝寬奔走，「所經橋道，皆令毀撤，

〔註 94〕　見《後漢書》志 24《百官一》。
〔註 95〕　見《晉書》卷 30《刑法志》。
〔註 96〕　見《晉書》卷 71《陳頵傳》。
〔註 97〕　見《晉書》卷 122《呂光載記》。
〔註 98〕　見《宋書》卷 85《謝莊傳》。
〔註 99〕　見《魏書》卷 113《官氏志》。

驛馬悉擁以自隨。又勒驛將曰：『蜀公將至，可多備肴酒及芻粟以待之。』」

　　另外，值得注意的是，北朝時已經有專門從事郵驛事務的「驛戶」出現，據《隋書》卷 25《刑法志》記載，武成帝大寧元年（西元 561 年）令：「盜及殺人而亡者，即懸名注籍，甄其一房配驛戶，……」〔註100〕而《魏書》卷 111《刑法志》記載，「小盜贓滿十匹已上，魁首死，妻子配驛，從者流。」因此，「配驛」很可能是配爲驛戶。所以，早在北魏時期就有「驛戶」出現。

　　總之，魏晉南北朝時期的郵驛在加強中央與地方之間的聯繫以及地方與地方之間的聯繫方面，起了極其重要的紐帶作用。魏晉南北朝時期的郵驛基於時代背景明顯地呈現出軍事特點；高效、迅捷的郵驛代替了置、傳、亭，這種變化對於促進軍事調度的快速、準確以及加強地區間的經濟文化交流都具有積極的意義。

〔註100〕《冊府元龜》卷 611《刑法部·定律令三》記載此令頒佈於河清三年（公元 564 年）。

第四章　關　津

　　關，又稱關塞，是在交通險要之處設置的防守之所。津，即江河之渡口，又稱津渡，為陸路和水路的交匯點，與關一樣具有重要的交通地位。《周禮注疏》卷9《地官司徒》記載：「司關上士二人。」註：「關，界上之門。」〔註1〕《史記正義》曰：「津，濟渡處。」〔註2〕《說文解字》曰：「津，水渡也。」〔註3〕為陸路和水路的交匯點，陸行過水的必經之所，與關具有同等重要的交通地位。由於重要的渡口也是要塞，所以史籍中常常關津並稱，歷代均對其進行嚴格的管理。賈誼說：「秦併兼諸侯山東三十餘郡，繕津關，據險塞，修甲兵而守之。」〔註4〕因此關津的設置和對其進行有效的管理，在國家的政治安定、經濟發展、軍事鬥爭方面均有十分重要的意義，正如《漢書》卷94《匈奴傳下》所言：「中國四方皆有關梁障塞，非獨以備塞外也，亦以防中國姦邪放縱，出為寇害，故明法度以專眾心也。」

一、關

　　秦漢以來關一般設置在具有重要軍事作用的地理要塞。據《漢書》卷28《地理志》記載，漢代的重要關隘有名可查的主要有位於弘農郡的「故秦函谷關」；上黨郡的上黨關、壺口關、石研關、天井關；常山郡的井關；漢中郡

〔註1〕　見《十三經註疏》上冊，〔清〕阮元校刻，中華書局，1979年版。
〔註2〕　見《史記》卷54《曹相國世家》。
〔註3〕　詳見《說文解字註》卷21第十一篇上二。許慎撰，段玉裁註。上海古籍出版社，1988年2月第二版。
〔註4〕　見《史記》卷6《秦始皇本紀》。

的郇關；牂柯郡的柱蒲關；巴郡的江關；金城郡的河關；敦煌郡的正西關、陽關、玉門關；代郡的五原關、常山關；上谷郡的居庸關；蒼梧郡的離水關、荔平關；九眞郡的界關等。

關中依其獨特的地理特點成爲西漢的政治、經濟、軍事中心，張良指出：「夫關中，左殽函，右隴蜀，沃野千里，南有巴蜀之饒，北有胡苑之利，阻三面而固守，獨以一面東制諸侯。諸侯安定，河、渭漕挽天下，西給京師；諸侯有變順流而下，足以委輸。此所謂金城千里，天府之國。」〔註5〕西漢時，武關、函谷關、臨晉關是保衛關中的著名戰略要塞。據《史記》卷6《秦始皇本紀》記載，秦始皇二十八年（西元前 219 年），秦始皇巡行天下，「上自南郡由武關歸。」註引《史記集解》應劭曰：「武關，秦南關，通南陽。」是拱衛關中的重要關口。吳王劉濞謀反，以田祿伯爲大將軍，田祿伯建議：「兵屯聚而西，無它奇道，難以立功。臣願得五萬人，別循江淮而上，收淮南、長沙，入武關，與大王會，此亦一奇也。」〔註6〕弘農郡的函谷關在秦時就已存在，漢時依然是重要的軍事要塞，據《漢書》卷 1《高帝紀》記載：「或說沛公曰：『秦富十倍天下，地形彊。今聞章邯降項羽，羽號曰雍王，王關中。即來，沛公恐不得有此。可急使守函谷關，毋內諸侯軍，稍徵關中兵以自益，距之。』沛公然其計，從之。」文穎註曰：「是時關在弘農縣衡嶺，今移東，在河南穀城縣。」臨晉關即後來的蒲津關，位於左馮翊臨晉縣，《漢書》卷35《荊燕吳傳》記載：「齊諸王與趙王定河間、河內，或入臨晉關，或與寡人會洛陽；……」顏師古註曰：「臨晉關即今之蒲津關。」可見臨晉關爲關中之東大門。楚漢相爭，「（曹參）以中尉從漢王出臨晉關。至河內，下修武，度圍津，東擊龍且、項佗定陶，破之。」〔註7〕灌嬰也參加了此役，「從東出臨晉關，擊降殷王，定其地。」〔註8〕此外，還有位於漢中郡長利的郇關、巴郡魚復的江關等。〔註9〕從地理位置看，同樣爲拱衛關中的重要關口。

秦漢時期的關津在魏晉南北朝時期基本上得以繼續沿用，關津的各項功能繼續得以發揮，據《三國志》卷2《魏書·文帝紀》延康元年（西元220年）二月條註引《魏書》載庚戌令曰：「關津所以通商旅，池苑所以禦災荒，設禁

〔註5〕 見《漢書》卷40《張陳王周傳》。
〔註6〕 見《漢書》卷35《荊燕吳傳》。
〔註7〕 見《漢書》卷39《蕭何曹參傳》。
〔註8〕 見《漢書》卷41《樊酈滕灌傳》。
〔註9〕 見《漢書》卷28上《地理志》。

重稅，非所以便民。其除池籞之禁，輕關津之稅，皆復什一。」這從一個方面反映曹魏初期社會經濟已經有了相當程度的恢復和發展，關津在物資交流中的作用日益突出。現依據正史記載並結合《水經注》、《資治通鑑》和《元和郡縣圖志》等史籍將魏晉南北朝時期的關隘的具體地理位置考察如下：

潼關：屬弘農郡。〔註 10〕《水經注》卷 4《河水註》記載：「河在關內南流，潼激關山，因謂之潼關。」另據《元和郡縣圖志》卷 2《關內道二》：「潼關，在（華州華陰）縣東北三十九里，古桃林塞也，春秋時晉侯使詹嘉處瑕以守桃林之塞也。」

散關：據《後漢書》卷 14《宗室四王三侯傳》記載：「散關，故城在今陳倉縣南十里，有散穀水，因取名焉。」

子午關：《元和郡縣圖志》卷 1《關內道一》記載：「子午關，在（長安）縣南百里。王莽通子午道，因置此關。」

武關：據《史記》卷 6《秦始皇本紀》註引《括地志》記載：「故武關在商州商洛縣東九十里，春秋時少習也。杜預云少習，商縣武關也。」另據《水經注》卷 20《丹水註》記載：「漢祖下析酈，攻武關。文穎曰：『武關在析縣西百七十里，弘農界也。』」

嶢關：又名藍田關，《資治通鑑》卷 65《漢紀 57》建安 11 年條記載：「高幹自入匈奴求救，單于不受；幹獨與數騎亡，欲南奔荊州，上洛都尉王琰捕斬之，并州悉平。」胡三省註曰：「上洛縣，前漢屬弘農，後漢屬京兆。嶢關在縣西北，故置都尉。」另據《資治通鑑》卷 85《晉紀》7 惠帝太安二年條記載：「又詔河間王（司馬）顒遣雍州刺史劉沈將州兵萬人並征西府五千人出藍田關以討（張）昌。」胡三省註曰：「藍田關在京兆藍田縣，即秦之嶢關也。」

陽平關：據《後漢書》卷 75《劉焉傳》註引《周地圖記》曰：「褒谷西北有古陽平關。」李賢註曰：「其地在今梁州褒城縣西北也。」

劍門關：在梁州北七十餘里處，據《劍州志》卷 2《山川》記載：「大劍山在州北七十里，……漢諸葛亮相蜀，……於山之中斷處立劍門關，關之絕頂有姜維城，為伯約屯兵處。」〔註 11〕

箕關：《後漢書》卷 16《鄧禹傳》記載：「建武元年正月，禹自箕關將入

〔註10〕 見《後漢書》誌 19《郡國一》。
〔註11〕 見《劍州志》卷 2《山川》，李榕撰，同治癸酉重修，北京師範大學圖書館藏。

河東，河東都尉守關不開，禹攻十日，破之，獲輜重千餘乘。」李賢註：「箕關在今王屋縣東。」

楚關：又稱扞關。據《資治通鑑》卷 65《漢紀》57 獻帝建安十三年（西元 208 年）條記載：「（甘）寧獻策於（孫）權口：『……一破（黃）祖軍，鼓行而西，據楚關，……』」胡三省註曰：「楚關，扞關也。蜀伐楚，楚爲扞關以據之，故曰楚關。」另據《水經注》卷《江水註》記載：「江水自關東經弱關、捍關。捍關，廩君浮夷水所置也。弱關在建平秭歸界，昔巴、楚數相攻伐，藉險置關，以防相捍。」

武陽關：又稱禮山關，據《元和郡縣圖志》卷 27《江南道三》記載：「因古禮山縣爲名，武德八年縣廢，即〈齊志〉所謂武陽關也，在（安）州東北二百四十里，在（應山）縣東北一百三十里，北至申州一百五十里。」

東關：《三國志》卷 15《魏書·賈逵傳》記載：「時孫權在東關，當豫州南，去江四百餘里。」另據《晉書》卷 14《地理志上》記載，東關屬梁州；〔註12〕

五原關、常山關：《漢書》卷 28 下《地理志下》記載：「代郡，秦置。（王）莽曰厭狄。有五原關、常山關。屬幽州。」

河關：《宋書》卷 37《州郡志三》記載：「河關令，前漢屬金城，後漢、〈晉太康地志〉屬隴西。」另據《晉書》卷 14《地理志上》記載：「惠帝分隴西之狄道、臨洮、河關，又立洮陽、遂平……合九縣置狄道郡，屬秦州。」

平靖關：義陽三關之一，〔註13〕據《元和郡縣圖志》卷 27《江南道三》記載：「平靖關，因故平靖縣爲名，後魏大統十七年置，隋大業二年廢。〈齊志〉云義陽有三關，此則其一。在（安）州北一百七十里，在（應山）縣北六十五里，……」

穆陵關：義陽三關之一，據《元和郡縣圖志》卷 27《江南道三》記載：「在（麻城）縣西北一百里，在（黃）州北二百里。」

陰山關：義陽三關之一，據《元和郡縣圖志》卷 27《江南道三》記載：「西至穆陵關一百里，在（麻城）縣東北一百里。」

〔註12〕 見《晉書》卷 14《地理志上》。

〔註13〕 義陽道有三關，即平靜（靖）關、穆陵關、陰山關。《梁書》卷 28《夏侯亶傳》記載：「八年，敕（夏侯）夔帥壯武將軍裴之禮、直閣將軍任思祖出義陽道，攻平靜、穆陵、陰山三關，克之。」

金城關：據《元和郡縣圖志》卷 39《隴右道上》記載：「在（蘭州）城西。周武帝置金城津，隋開皇十八年改津為關。」

陽安關：與陰平郡之陰平橋相去不遠，據《三國志》卷 44《蜀書・姜維傳》記載：「六年，維表後主：『聞鍾會治兵關中，欲規進取，宜並遣張翼、廖化督諸軍分護陽安關口、陰平橋頭以防未然，』」陰平郡屬秦州，據《晉書》卷 14《地理志上》記載：「及泰始五年，又以雍州隴右五郡及涼州之金城、梁州之陰平，合七郡置秦州，鎮冀城。太康三年，罷秦州，併雍州。七年，復立，鎮上邽。」

函谷關：屬司州河南郡，《晉書》卷 14《地理志上》：「新安，函谷關所居。」《水經注》卷 4《河水註》記載「（河水）歷北出東崤，通謂之函谷關也。邃岸天高，空谷幽深，澗道之峽，車不方軌，號曰天險。」

鄂坂關．屬司州河南郡，《晉書》卷 14《地理志上》：「陽城，有鄂坂關。」

延壽關：屬司州河南郡，《晉書》卷 14《地理志上》：「新城，有延壽關。」

軍都關：屬幽州范陽國，《晉書》卷 14《地理志上》：「軍都，有關。」《資治通鑑》卷 108《晉紀》30 孝武帝太元二十一年條記載：「魏王（拓跋）珪大舉伐燕，……別遣將軍封真等從東道出軍都，襲燕幽州。」胡三省註曰：「軍都縣，前漢屬上谷郡，後漢屬廣陽郡，晉屬燕國；有軍都關。」

陽關：屬涼州敦煌郡；〔註14〕另據《元和郡縣圖志》卷 40《隴右道下》記載：「陽關，在（鳴沙）縣西六里。以居玉門關之南，故曰陽關。本漢置也，謂之南道，西趣鄯善、莎車。後魏嘗於此置陽關縣，周廢。」

玉門關：《史記》卷 123《大宛列傳》記載：「于闐之西，則水皆西流，注西海；其東水東流，注鹽澤。」註引《括地志》曰：「玉門關在沙州壽昌縣西六里。」〔註15〕另據《元和郡縣圖志》卷 40《隴右道下》記載：「在（鳴沙）縣西北一百一十七里。謂之北道，西趣車師前庭及疏勒，此西域之門戶也。」

天門關：屬代郡，《魏書》卷 112 下《靈徵志下》記載：「太祖天興三年四月，有木連理，生於代郡天門關之路左。」

定城關：據《元和郡縣圖志》卷 9《河南道五》記載，「在（光州殷城）

〔註14〕見《晉書》卷 14《地理誌上》。
〔註15〕唐武德二年改鳴沙縣為壽昌縣，見《元和郡縣圖志》卷 40《隴右道下》。

－97－

縣南四十里。高齊以南迫陳境，因置此關，隋廢。」

　　武平關：據《元和郡縣圖志》卷 12《河東道一》記載：「在（絳州正平）縣西三十里。高齊時置，周平齊廢。」

　　樂陵關：據《元和郡縣圖志》卷 9《河南道五》記載：「在（光州光山）縣南一百三十二里。齊、陳二境，齊置此關以爲禁防。周因不改，隋開皇九年平陳後廢。」

　　此外，溢口關屬荊州武昌郡。〔註16〕上黨關、壺口關、石研關、天井關屬并州上黨郡；〔註17〕魯陽關屬兗州。〔註18〕成陽關、黃峴關屬南司州；〔註19〕鹿城關屬北江州；〔註20〕大治關屬湘州；〔註21〕赤石關屬南兗州；〔註22〕龍門關屬同州。〔註23〕

　　從關的分布來看，最西爲玉門關（位於今甘肅敦煌），最北爲五原關（於今內蒙古五原）；最東爲樂陵關（位於今河北滄州樂陵南）；最南爲荊州楚關（位於今湖北秭歸）。這些關隘按其功能一般可分爲用於商業目的和軍事防禦目的。用於商業目如玉門關，據《三國志》卷 30《烏丸鮮卑東夷傳》注引《魏略·西戎傳》記載：「從敦煌玉門關入西域，前有二道，今有三道。」其中中道通大秦，「大秦多金、銀、銅、鐵、鉛、錫、神龜、白馬……」北新道到達呼得國，「出名鼠皮，白昆子，青昆子皮」。玉門關在中西貿易往來中起了關鍵作用。出入這類關隘必須履行嚴格的手續，據《太平御覽》卷 598《文部十四·過所》引《魏略》曰：「倉慈爲敦煌太守，胡欲詣國家，爲封過所」。倉慈所簽發的過所很可能就是爲出入玉門關所用。

　　至於用於軍事目的的關隘在魏晉南北朝時期則居多數。其特點是隨著戰事的結束而消失。例如定城關和武平關均爲北齊爲防禦陳、北周的進攻而設，隨著戰事結束便立即撤消了，據《元和郡縣圖志》志 9《河南道五》記載，「（定

〔註16〕見《晉書》卷 15《地理志下》。
〔註17〕見《漢書》卷 28 上《地理志上》。
〔註18〕《史記》卷 46《田敬仲完世家》註引《括地志》曰：「魯陽關故城在兗州博城縣南二十九里，西臨汶水也。」
〔註19〕見《魏書》卷 106《地形志中》。
〔註20〕見《魏書》卷 106《地形志中》。
〔註21〕見《魏書》卷 106《地形志中》。
〔註22〕見《魏書》卷 106《地形志中》。
〔註23〕見《元和郡縣圖志》卷 2《關內道二》。

城關）在（光州殷城）縣南四十里。高齊以南近陳境，因置關，隋廢。」武平關同樣如此，據《元和郡縣圖志》卷 12《河東道一》記載：「在（絳州正平）縣西三十里。高齊時置，周平齊廢。」

二、津

秦漢時期重要的津渡一般集中在黃河沿岸，主要有：採桑津、汾陰津、蒲津、風陵津、郖津、大陽津、小平津、平陰津、孟津、五社津、成皋津、卷津、杜氏津、延津、圍津、白馬津、平原津、鬲津、倉亭津、厭次津、長壽津、棘津、濮陽津、郭口津、委粟津、四瀆津、鹿角津、漯沃津等。〔註24〕長江也有多處津渡，據《史記》卷 6《秦始皇本紀》記載，秦始皇二十八年（西元前 219 年），始皇巡行，「浮江，至湘山祠。逢大風，幾不得渡。」此濟渡處名不詳，但秦始皇二十七年（西元前 219 年）的巡行卻是經過了許多著名的渡口，「浮江下，觀籍柯，渡海渚。過丹陽，至錢塘。臨浙江，水波惡，乃西百二十里從狹中渡。」註引《史記集解》徐廣曰：「蓋在餘杭也。顧夷曰：『餘杭者，秦始皇至會稽經此，立爲縣。』」〔註25〕可見丹陽、錢塘、餘杭在當時已經是重要的渡口。此外還有大量的長江津渡爲史籍所不載，王子今先生指出：「西漢臨江郡國 12，東漢臨江 11 郡，其中有 5 個郡跨江而治，即越嶲、犍爲、巴郡、南郡、江夏。這一事實說明，在今湖北廣濟以西的長江上游和中游，江津分佈的密度和通行頻率當顯著超過下游地段。」〔註26〕

在以上津渡中以孟津、白馬津尤爲著名。「孟津在洛陽以北，都道所湊，故號孟津。孟，長大也。」〔註27〕劉秀曾拜馮異爲孟津將軍，以保衛河內、魏郡。〔註28〕東漢末年，黃巾起義，東漢政府設八關都尉以保衛洛陽，孟津即八關之一。〔註29〕白馬津早在秦末就是戰略要塞，楚漢相爭，酈食其說劉邦：「願足下

〔註24〕見王子今先生《秦漢交通史稿》第二章《秦漢津橋》，中共中央黨校出版社，1994 年 7 月第一版。

〔註25〕見《史記》卷 6《秦始皇本紀》。

〔註26〕見王子今先生《秦漢交通史稿》第二章《秦漢津橋》，中共中央黨校出版社，1994 年 7 月第一版。

〔註27〕見《漢書》卷 28《地理志上》。

〔註28〕見《後漢書》卷 17《馮岑賈列傳》。

〔註29〕據《後漢書》卷 8《孝靈帝紀》記載：「八關謂函谷、廣城、伊闕、大谷、轘轅、旋門、小平津、孟津也。」《資治通鑑》卷 58《漢紀五十》靈帝中平元年條，胡三省註曰：「函谷關，在河南穀城縣。（李）賢曰：『太谷在洛陽東。』

急復進兵，收取滎陽，據敖倉之粟，塞成皋之險，杜大行之道，距蜚狐之口。守白馬之津，以示諸侯效實形制之勢，則天下知所歸矣。」〔註30〕

現依據正史記載及結合《水經注》、《資治通鑑》和《元和郡縣圖志》等史籍就魏晉南北朝時期的重要津渡的地理位置作一考察：

孟津：又名盟津在洛陽城北，據《史記》卷2《夏本紀》註引《史記正義》杜預云：「盟，河內郡河陽縣南孟津也，在洛陽城北。都道所湊，古今為津，武王度之，近代呼為武濟。」引《括地志》云：「盟津，周武王伐紂，與八百諸侯會盟津。亦曰孟津，又曰富平津。〈水經〉云小平津，今云河陽津是也。」

倉亭津：《水經注》卷5《河水註》記載：「河水於范縣東北流為倉亭津。〈述徵記〉曰：『倉亭津在范縣界，去東阿六十里。』〈魏土地記〉曰：『津在武陽縣東北七十里，津，河濟名也。』」

江津：屬荊州，《後漢書》卷17《馮岑賈列傳》記載，岑彭「自引兵還屯津鄉，……」李賢註曰：「津鄉，所謂江津也。〈東觀記〉曰：『津鄉當荊、揚之咽喉。』」

夏口：屬荊州武昌郡，《晉書》卷15《地理志下》記載：「有夏口，對沔口，有津。」何尚之云：「夏口在荊、江之中，正對沔口，通接雍、梁，實為津要，由來舊鎮，根基不易。」〔註31〕另據《資治通鑑》卷128《宋紀》10孝武帝孝建元年條胡三省註曰：「自夏口入沔，泝流而上，至襄陽，又泝流而上至漢中，故云通接雍、梁。」

棘津：據《後漢書》志21《郡國三》記載，棘津屬琅邪國西海，李賢註引《博物記》：「太公呂望所出，今有東呂鄉。又釣於棘津，其浦今存。」

安風津：《水經注》卷30《淮水註》記載：「淮水又東為安風津，水南有城，故安分都尉治，後立霍丘戍。淮中有洲，俗號關洲，蓋津關所在，故斯洲納稱焉。」

枋頭：據《元和郡縣圖志》卷16《河北道一》記載：「在（衛州衛）縣東

廣城，在河南新城縣。京相璠曰：『伊闕，在洛陽西南五十里。』轘轅關，在緱氏縣東南。〈水經註〉曰：『旋門阪，在成皋縣西南十里。』孟津，在河內河陽縣南。小平津，在河南平縣北。賢曰：在今鞏縣西北。杜佑曰：『洛州新安縣東北有漢八關城。』」

〔註30〕見《史記》卷97《酈生陸賈列傳》。
〔註31〕見《宋書》卷66《何尚之傳》。

一里。建安九年，魏武帝在淇水口下大枋木爲堰，遏淇水令入白渠，以開運漕，故號其處爲枋頭。」

靈昌津：在金墉城黃河北岸。據《隋書》卷 30《地理志中》記載，金墉城屬河南郡。另據《晉書》卷 105《石勒載記下》記載，「勒統步騎四萬赴金墉城，濟自大堨。先是，流澌風猛，軍至，冰泮清和，濟畢，流澌大至，勒以爲神靈之助也，命曰靈昌津。」

武遂津：《晉書》卷 109《慕容皝載記》記載，「皝將圖石氏，……於是率騎二萬出蠮螉塞，長驅至於薊城，進渡武遂津，……」另據《資治通鑒》卷 96《晉紀》18 成帝咸康六年條記載：「燕兵進破武遂津，……」胡三省註曰：「武遂縣，前漢屬河間國，後漢、晉屬安平國，時屬武邑郡。易水過其南，曰武遂津。」

灌津：據《魏書》卷 106 上《地理志上》記載，灌津屬冀州。

蒲津：又稱蒲津關、臨晉關。《史記正義》曰：「（蒲津）即蒲津關也，在臨晉縣。故言臨晉關，今在同州也。」

馬石津：《資治通鑒》卷 95《晉紀》17 成帝咸和九年條記載：「秋，八月，王濟還遼東遣侍御史王奇祭遼東公（慕容）廆，又遣謁者徐孟策拜慕容皝鎮軍大將軍、平州刺史、大單於、遼東公……船下馬石津，皆爲慕容仁所留。」胡三省註曰：「自建康出大江至於海，轉料角至登州大洋；東北行，過大謝島、龜歆島、淤島、烏湖島三百里，北渡烏湖海，至馬石山東之都里鎮；馬石津，即此地也。」

上津：據《隋書》卷 30《地理志中》記載，上津屬譙郡。

黎陽津：《史記》卷 54《曹相國世家》註引《括地志》曰：「黎陽津一名白馬津，在滑州白馬縣北三十里。」慕容德改黎陽津爲天橋津。〔註32〕另據《元和郡縣圖志》卷 16《河北道一》記載：「高齊文襄征穎城，仍移石濟關於此，即造橋焉，改名白馬關。周又改名黎陽關。」

武津：據《宋書》卷 36《州郡志二》記載，武津屬南豫州。

延津：又名臨津，《史記》卷 44《魏世家》註引《括地志》云：「延津故俗字名臨津，故城在衛州清淇縣西南二十六里。杜預云『汲郡城南有延津』是也。」《元和郡縣圖志》卷 16《河北道一》記載：「在（衛）縣西二十六里。

〔註32〕見《晉書》卷 127《慕容德載記》。

魏曹公遣於禁渡河守延津，即此地也。」

交津：屬冀州，《北齊書》卷 21《封隆之傳》記載：「高祖後至冀州境，次於交津，追憶隆之，……」

君子津：據《水經注》卷 3《河水註》記載，君子津屬定襄郡，「濟在雲中城西南二百餘里。」

冶阪津：屬河內郡，《魏書》卷 3《明元帝紀》記載：「乙丑，濟河而北，西之河內，造浮橋於冶阪津。」另據《資治通鑑》卷 119《宋紀 1》營陽王景平元年條胡三省註引《魏土地記》云：「冶阪城，舊名漢祖渡，城險固，南臨孟津，在洛陽西北四十二里。」

磑磜津：屬冀州，《魏書》卷 4《太武帝紀下》記載：「己未，遣（拓跋）那及殿中尚書、安定公韓茂率騎屯相州之陽平郡，發冀州民造浮橋於磑磜津。」另據《元和郡縣圖志》卷 10《河南道六》記載：「後魏於此置關，名濟州關，隋末廢。」

小平津：在孟津東北，東漢末年所置「八關」之一。《後漢書》卷 8《孝靈帝紀》：「（張）讓、（段）珪等復劫少帝、陳留王走小平津。」李賢註：「小平津在今鞏縣西北。」

覆津：據《隋書》卷 29《地理志上》記載，覆津屬武都郡。

長瀨津：《水經注》卷 32《肥水註》記載：「肥水自黎漿北經壽春縣故城東為長瀨津，津側有謝堂北亭，迎送所薄，水陸舟車是焉萃止。」

湘關：《資治通鑑》卷 68《漢紀 60》建安二十四年條記載：「（關）羽得於禁等人馬數萬，糧食乏絕，擅取（孫）權湘關米；……」胡三省註曰：「吳與蜀分荊州，以湘水為界，故置關。」

風陵津：又名風陵關，屬秦州，與潼關隔黃河相對，「魏太祖西征韓遂，自潼關北渡，即其處也。」〔註33〕

冠爵津：據《水經注》卷 6《汾水註》記載：「冠爵津，汾津名也，在介休縣之西南，俗謂之雀鼠谷。數十里間道險隘，水左右悉結偏梁閣道，纍石就路，縈帶岩側，或去水一丈，或高五六尺，上戴山阜，下絕臨澗，俗謂之魯班橋，蓋通古之津隘矣，亦在今之地險。」

〔註33〕見《元和郡縣圖志》卷 12《河東道一》。

東關口：據《元和郡縣圖志闕卷逸文》卷 2《淮南道》記載：「東關口，在（盧州巢）縣東南四十里，接巢湖，在西北至合肥界，東南有石渠，鑿山通水，是名關口，相傳夏禹所鑿，一號東興。今其地高峻險狹，實守扼之所，故天下有事，必爭其地。吳、魏相持於此，吳築城，魏亦對岸置柵。」

三戶津：據《水經注》卷 10《濁漳水註》記載：「漳水又東經三戶峽爲三戶津。張晏曰『三戶，地名也，在梁期西南。』孟康曰：『津，峽名也，在鄴西四十里。』」

左南津、白土城：《資治通鑒》卷 110《晉紀》23 海西公太和二年條記載：「三月，張天錫遣前將軍楊遹向金城，征東將軍常據向左南，……」胡三省註曰：「張軌置左南縣，屬晉興郡。闞駰〈十三州志〉曰：『石城西一百四十里，有左南城，河水經其南，曰左南津。……左南津西六十里有白土城，城在人河之北，爲緣河濟渡之地。』」

薄落津：《水經注》卷 10《濁漳水註》記載：「漳水又經歷縣故城西，水有故津，謂之薄落津。昔袁本初還自易京，上巳屆此，率其賓從，禊飲於斯津矣。」

白水關：《資治通鑒》卷 66《漢紀》58 建安十六年條記載：「（劉）璋增（劉）備兵，厚加資給，使擊張魯，又令督白水軍。」胡三省註曰：「白水關，在廣漢白水縣，劉璋置軍屯守，即楊懷、高沛之軍也。杜佑曰：『梁州金牛縣，漢葭萌縣地，縣南有故白水關。』」

從津渡的分布來看，最北爲君子津（位於今山西定襄西南）；最東爲黎陽津（位於今河南汲縣）；最西爲白水關（位於今四川關漢）；最南爲夏口（位於今湖北武昌）。這些津渡按其主要功能一般可分爲用於商業目的和軍事防禦目的兩類。例如君子津，據《水經注》卷 3《河水注》記載：「皇魏桓帝十一年，西幸榆中，東行代地，洛陽大賈，齎金貸隨後行，夜迷失道，……賈人卒死，津長埋之。事聞於帝，帝曰：『君子也』。即名其津爲君子津」。這反映了君子津很可能爲一個商業渡口。至於用於軍事目的的津渡則是在魏晉南北朝時期最爲廣泛存在的一類。

三、關津的管理機構

三國時期關津的管理一般是由地方郡守管理的。據《三國志》卷 16《魏書‧倉慈傳》記載：「太和中，遷敦煌太守……又常日西域雜胡欲來貢獻，

而諸豪族多逆斷絕；既與貿遷，欺詐侮易，多不得分明。胡常怨望，慈皆勞之。欲詣洛者，爲封過所；欲從郡還者，官爲平取，……」由此可見對於敦煌這樣的在軍事、經濟上有重要地位的關隘的管理是地方郡守的重要施政內容。

具體負責通關事宜的還有關吏，《三國志》卷 19《陳思王植傳》註引《魏略》曰：「初植未到關，自念有過，宜當謝帝。……而關吏以聞，帝使人逆之，不得見。」關吏一職西漢時就已經存在，《漢書》卷 64 下《終軍傳》記載：「軍爲謁者，使行郡國，建節東出關，關吏識之，曰：『此使者乃前棄繻生也。』」但是由於軍事上的需要，軍事將領在必要的時候也會承擔管理任務，毌丘儉、文欽起兵後上表：「（司馬）師專權用勢，賞罰自由，聞臣等舉眾，必下詔禁絕關津，使驛書不通，擅復徵調，有所收捕。」〔註34〕可見重要的關津是由權臣控制的。西晉時拱衛洛陽的延壽關、墕阪、成皋關更是交戰各方爭奪的衝要，其控制權由權臣牢牢掌握，據《晉書》卷 95《趙王倫傳》記載，「八王之亂」，齊王冏、河間王顒、成都王穎起兵討趙王司馬倫，「倫、（孫）秀始大懼，遣其中堅孫輔爲上軍將軍，積弩李嚴爲折衝將軍，率兵七千自延壽關出，征虜張泓、左軍蔡璜、前軍閭和等率九千人自墕阪關出，鎮軍司馬雅、揚威莫原等率八千人自成皋關出。」另外，設置關隘進行稅收徵稽甚至搜掠財物也是當時軍事將領聚斂財富的一種手段。羅尚主政益州時，「又令梓潼太守張演於諸要施關，搜索寶貨。」〔註35〕

此外，還有關都尉負責關隘的管理。關都尉也稱關尉，據《晉書》卷 117《姚興載記上》記載：「興敕關尉曰：『諸生咨訪道藝，修己厲身，往來出入，勿拘常限。』」另外蕭梁時期也有關尉一職，張纘在其《南征賦》中曰：「造扃鐍之候司，發傳書於關尉。」〔註36〕關都尉，早在秦時就已經設立，《漢書》卷 19《百官公卿表上》記載：「關都尉，秦官。」因此，關都尉的職責主要爲檢查出入人員，以警備非常。西漢武帝天漢三年（西元前 98 年），「冬十一月，詔關都尉曰：『今豪傑多遠交，依東方群盜。其謹查出入者。』」〔註37〕重要關隘關都尉的人選往往極爲愼重，霍光責難魏相的一席話深刻揭示了這一點，據《漢

〔註34〕 見《三國志》卷 28《毌丘儉傳》。
〔註35〕 見《晉書》卷 120《李特載記》。
〔註36〕 見《梁書》卷 34《張纘傳》。
〔註37〕 見《漢書》卷 6《武帝紀》。

書》卷 74《魏相傳》記載，丞相田千秋死後，作爲洛陽武庫令的田千秋之子棄官而走，霍光斥責河南太守魏相：「幼主新立，以爲函谷京師之固，武庫精兵所聚，故以丞相弟爲關都尉，子爲武庫令。今河南太守不深惟國家大策，苟見丞相不在而斥逐其子，何淺薄也！」重要關津的設置及出制定的各項出入關津的規定須經皇帝的批准，「丞相上備塞都尉書，請爲夾谿河置關，諸漕上下河中者，皆發傳，……闌出入、越之，及吏卒主者，皆比越塞闌關令。丞相、御史以聞，制曰：可。」〔註38〕另外，秦漢時期重要關隘的關都尉有些是由皇帝親自任命的，如西漢武帝以寧成爲關都尉；〔註39〕光武帝以陰識爲函谷關都尉。〔註40〕但關都尉一職在東漢光武帝時被廢除，據《後漢書》志 28《百官五》記載：「中興建武六年，省諸郡都尉，併職太守，無都試之役。省關都尉，唯邊郡往往置都尉及屬國都尉，稍有分縣，治民比郡。」〔註41〕直至中平元年（西元 184 年）「黃巾」事起，爲拱衛洛陽，「置八關都尉官。」〔註42〕北魏正始四年（西元507 年），進行了一次大規模的關隘建設，據《魏書》卷 8《世宗紀》記載：「自碣石至於劍閣，東西七千里，置二十二都尉。」此次設置都尉有重要的意義，張金龍先生指出：「這二十二都尉當爲關都尉，是在北魏全境（主要在邊地、要地）系統設置諸關尉之始。」〔註43〕

　　津渡亦然，東漢末年爲拱衛洛陽而設立的「八關都尉官」中就有管理小平津和孟津的。〔註44〕隨著割據狀況的加劇，權臣——軍事將領掌握了津渡的控制權。賈逵爲丞相主簿祭酒，隨軍出征，「從至黎陽，津渡者亂行，逵斬之，乃整。」〔註45〕另據《三國志》卷 15《賈逵傳》註引《魏略》記載，「十六年，馬超反，大軍西討，（楊）沛隨軍，都督孟津渡事。」元康二年（西元 292 年），司馬睿從討成都王司馬穎失敗，「穎先令諸關無得出貴人，帝既至河陽，爲津吏

〔註38〕見《張家山漢墓竹簡・二年律令・津關令》五二四。
〔註39〕見《漢書》卷 90《酷吏傳》。
〔註40〕見《後漢書》卷 32《陰識列傳》。
〔註41〕另據《後漢書》卷 1 下《光武帝紀》記載，關都尉一職於建武九年（公元 33年）被廢除，與同書《百官志五》記載建武六年（公元 30 年）相異，存疑。
〔註42〕見《後漢書》卷 8《孝靈帝紀》。
〔註43〕詳見張金龍博士論文《魏晉南北朝禁衛武官制度研究》，文藏北京師範大學圖書館。
〔註44〕見《後漢書》卷 8《孝靈帝紀》。
〔註45〕見《三國志》卷 15《賈逵傳》。

所止。」〔註46〕劉宋時期，鄧琬反叛失敗，荊州刺史劉子頊調兵自保，「乃遣將趙道始於江津築壘，任演戍沙橋，諸門津要，皆有屯兵。」〔註47〕在重要的津渡專門設有「津邏」、「津戍」等負責津渡的巡邏任務。《晉書》卷84《王恭傳》記載，王恭起兵後，「時內外疑阻，津邏嚴急，（殷）仲堪之信因庾楷達之，以斜絹爲書，內箭竿中，合鏑漆之，楷送於恭。」正是由於津邏嚴密的排查才使得王恭與殷仲堪之間的情報傳遞很不暢通。劉欲遣王鎮惡討伐劉毅，王鎮惡詐稱其軍隊爲劉毅之弟劉藩之軍，順利通過鵲洲、尋陽、河口、巴陵直到豫章口等津渡，「津戍及百姓皆言劉藩實上，晏然不疑。」〔註48〕王恭遣劉牢之擊王廞，王廞與其子王華失散，王華「隨沙門釋曇永逃竄。時牢之搜檢覓華甚急，曇永使華提衣襆隨後，津邏咸疑焉。」〔註49〕

除津邏、津戍具體管理津渡事務外，還有前述的津吏、津主等職，據《大唐六典》卷23註引《晉令》規定：「諸津渡二十四所，各置監津吏一人。」該職直到北魏時期依然存在，而且津吏在此時還被稱爲津人，據《魏書》卷36《李順傳》記載，李敷弟李式爲西兗州刺史「式自以家據權要，心慮危禍，常敕津吏；臺有使者，必先啓告，然後渡之。既而使人平曉卒至，津吏欲先告式，使者紿云：『我須南過。不停此州，不煩令刺史知也。』津人信之，與使俱渡。」關於津主，《隋書》卷24《食貨志》記載：「（六朝）都西有石頭津，東有方山津。各置津主一人，賊曹一人，直水五人，以檢察禁物及亡叛者。其荻炭魚薪之類過津者，並十分稅一以入官。」

魏晉南北朝時期還有津都尉、津校尉等職官，該時期計有：平津都尉〔註50〕、安風津都尉〔註51〕、監淮南津都尉〔註52〕、南州津校尉〔註53〕、監淮海津校尉〔註54〕等。前秦時期曾設在蒲津設「蒲津監」一職。〔註55〕此職

〔註46〕見《晉書》卷6《元帝紀》。
〔註47〕見《宋書》卷84《鄧琬傳》。
〔註48〕見《宋書》卷45《王鎮惡傳》。
〔註49〕見《宋書》卷63《王華傳》。
〔註50〕見《三國志》卷10《賈詡傳》。
〔註51〕見《三國志》卷4《三少帝紀》。
〔註52〕見《宋書》卷18《禮志》。
〔註53〕見《梁書》卷3《武帝紀下》。
〔註54〕見《魏書》卷113《官氏志》。
〔註55〕《晉書》卷112《符健載記》記載：「會大雨霖，河渭溢，蒲津監寇登得一屐於河，長七尺三寸，人跡稱之，指長尺餘，文深一寸。」

守當為負責蒲津津渡事宜的專門官員；北魏時期的灅波津令同樣當為負責灅波津的專門官員；〔註56〕另外在《水經注》卷3《河水註》中有君子津「津長」的稱謂，此亦為負責津渡的專門官員。這些官員一般具有較大的執法權以維持津渡的秩序，《南史》卷70《郭祖深傳》記載：「普通七年，改南州津為南津校尉，以祖深為之。……公清嚴刻。由來王侯勢家出入津，不忌憲綱，俠藏亡命。祖深搜檢奸惡，不避強禦，動致刑辟。」梁時，江子一曾任「南津校尉」一職。〔註57〕《太平廣記》同樣記載有梁武帝時「南津校尉」孟少卿扣押他人木材一事。〔註58〕

以上所述關尉、津尉在東魏北齊以前其所屬不詳，然而東魏北齊時關尉、津尉卻隸屬於護軍府，據《隋書》卷27《百官志中》記載：「護軍府，將軍一人，掌四中、關津。……又領諸關尉、津尉。」由於「後齊官制，多循後魏，……」很可能北魏時亦然。張金龍先生認為：「北魏後期之諸關津尉隸屬護軍，這當是北魏繼承魏晉南朝護軍『掌外軍』之職掌而加以變革的結果。北魏前期有諸部護軍，後改隸大將軍府，其掌管地方部族事務無疑。諸關津尉之隸屬護軍府可能也與這種制度的影響有關。護軍統諸關津尉是北魏政府控制地方水陸要衝的制度之一，此制象徵其對地方軍權的掌握。」〔註59〕到了北齊情況發生了一些變化，《隋書》卷27《百官志中》記載：尚書省都官水部「掌舟船、津梁，公私水事。」同卷都水臺條記載：「都水臺，管諸津橋。使者二人，參事十人。又領都尉、合昌、坊城等三局。尉皆分司諸津橋。」張金龍先生據此指出：「看來關津尉負責把守關、津，盤查過往行人，但關津事務卻已開始向尚書都官及都水臺等轉移。」〔註60〕到了隋代，關津事務已完全轉至都水臺及地方鎮戍。《隋書》卷28《百官志下》記載：「都水臺，使者及丞各二人，……又領諸津。上津每尉一人，丞二人。中津每尉、丞各一人。下津，（尉一人）；每（津），典作一人，津長四人。」此外，同卷記載：「鎮，置將、副。戍，置主、副。關，置令、丞。」又，北齊《禁衛律》的制定對隋唐關津制度的創立起了直接作用。據《唐律疏議》

〔註56〕 見《魏書》卷75《尒朱兆傳》。
〔註57〕 見《梁書》卷43《江子一傳》。
〔註58〕 見《太平廣記》卷120《報應十九》。
〔註59〕 詳見張金龍博士論文《魏晉南北朝禁衛武官制度研究》，文藏北京師範大學圖書館。
〔註60〕 同上。

卷 7《疏議》曰：「衛禁律者，秦漢及魏未有此篇。晉太宰賈充等，酌漢魏之律，隨事增損，創製此篇，名爲爲宮律。自宋洎於後周，此名並無所改。至於北齊，將關禁附之，更名《禁衛律》。隋開皇改爲《衛禁律》。衛者，言警衛之法；禁者，以關禁爲名。但敬上防非，於事尤重，故次名例之下，居諸篇之首。」〔註 61〕北齊加強關津管理的背景不詳，但是將關津管理與宮禁宿衛列爲同等地位卻也象徵著關津從此由國家統一管理，而且表明中央集權開始強化，關津管理成爲國家的重要施政內容。另外，北齊將關津管理以法律的形式予以規定，對隋唐產生了巨大影響。程樹德《九朝律考‧後魏律考序》曰：「今之言舊律者，率溯源於唐律，顧唐本於隋，隋本於北齊，此徵之律目之相同而可知也。」《隋律考序》中亦曰：「……開皇定律，源出北齊，而齊律之美備，又載在史冊，人無異詞，執筆者不敢率爲更改。」陳寅恪先生更是將北齊律溯源至北魏，「唐律因於隋開皇舊本，隋開皇定律又多因北齊，而北齊更承北魏太和正始之舊，然則其源流演變固瞭然可考而知也。」〔註 62〕

魏晉南北朝時期對來往商品進行稅收稽查也是關津管理的重要內容。據《晉書》卷 118《姚興載記下》記載：「興以國用不足，增關津之稅，鹽竹山木皆有賦焉。……興曰：『能踰關梁通利於山水者，皆豪富之家。吾損有餘以裨不足，有何不可！』」永明六年（西元 488 年）西陵戍主杜元懿的上書反映了在津渡上徵收的牛埭稅數量之巨大：「吳興無秋，會稽豐登，商旅往來，倍多常歲。西陵牛埭稅，官格日三千五百，元懿如即所見，日可一倍，盈縮相兼，略計年長百萬。浦陽南北津及柳浦四埭，乞爲官領攝，一年格外長四百許萬。西陵戍前檢稅，無妨戍事，餘三埭自舉腹心。」〔註 63〕這種大量徵稽關津稅的狀況反映了當時關津設置之普遍和商品流通之頻繁的現象。這些弊病在梁時方才引起重視，力圖予以革除，《梁書》卷 3《武帝紀下》記載，大同十一年（西元 545 年）詔曰：「……凡遠近分置、內外條流、四方所立屯、傳、邸、冶，市埭、桁渡、津稅、田園，新舊守宰，遊軍戍邏，有不便於民者，尚書州郡各速條上，當隨言除省，以舒民患。」然而情況並沒有得到好轉，關津稅濫徵的現象繼續存在。以至在陳宣帝時再次下詔：「重以旗亭關市，

〔註 61〕見《唐律疏議》卷 7《衛禁》。
〔註 62〕見陳寅恪先生《隋唐制度淵源略論稿》四《刑律》，三聯書店 2001 年第一版。
〔註 63〕見《南齊書》卷 46《陸慧曉傳》。

稅斂繁多，不廣都內之錢，非供水衡之費，逼遏商賈，營謀私蓄。靖懷眾弊，宜事改張。……市估津稅，軍令國章，更須詳定，唯務平允。」〔註64〕另據《陳書》卷 26《徐陵傳》記載：「（徐）孝克性清素而好施惠，故不免飢寒，後主敕以石頭津稅給之，孝克悉用設齋寫經，隨得隨盡。」

　　曹魏、西晉時期關津的出入有一套嚴格的規定，除了關吏、津吏、津邏等嚴格把守關津進行盤查外，一般還持過所通過關津。「過所」作爲出入關津的一種符傳出現於西漢，《釋名》曰：「過所，至關津以示之。或曰傳，傳也，轉移所在，識以爲信也。」〔註65〕另據《太平御覽》卷 598《文部十四·過所》引《魏略》曰：「倉慈爲敦煌太守，胡欲詣國家，爲封過所。」又引《晉令》曰：「諸渡關及乘舡筏上下經津者皆有所寫，一通付關吏。」冒用他人過所，蒙混過關者將受到懲罰，《廷尉決事》曰：「廷尉上：『廣平趙禮詣雍治病，博士弟子張策門人李臧齎過所詣洛還，責禮冒名渡津。平裴涼議禮一歲半刑，策半歲刑。』」〔註66〕但之後過所的使用情況已不見記載，甚至各類符傳也不見使用。這可能與西晉以後分裂狀況逐步加劇，統一局面分崩離析有關。隨著政局的動盪，經濟凋敝，商品的流通也逐漸衰退；另外隨著地方行政機構的癱瘓，以及爲躲避戰亂而出現的流民潮直接摧毀了以稽查商品出入、人員來往的關津管理體系。保留下來的只有服務於軍事鬥爭的以偵察軍情、稽查奸細等爲職能的關津管理體系。但是，我們發現魏晉南北朝時期的關津管理的軍事性到了北魏後期開始逐漸減弱，向地方及專門水利部門轉變，其民事性逐漸突出。發生這種變化的原因是與國家逐步擺脫分裂走向統一分不開的。

〔註64〕見《陳書》卷 5《宣帝紀》。
〔註65〕見《太平御覽》卷 598《文部十四·過所》。
〔註66〕見《太平御覽》卷 598《文部十四·過所》。

後　論

　　交通是人類文明和社會生產力發展的重要標誌。隨著政治、經濟、軍事、科學文化的發展而發展。湯因比將交通系統列為統一國家賴以生存的首要組織，認為「它不僅是統一國家在其領土上的軍事指揮的工具，而且也是政治控制的工具。」〔註1〕魏晉南北朝是一個軍事色彩十分濃厚的歷史時期，交通建設、交通管理也不可避免地與當時的形勢產生密切的聯繫，從而帶有強烈的時代特色。

　　秦漢以來，無論在交通路線還是在交通管理上都達到了比較完備的程度。在交通路線建設上，秦漢時期就已經形成了以重要商業都會為中心的陸路和漕運交通體系。該交通體系主要集中在北方，尤其是黃河以北地區。魏晉南北朝時期由於長期戰亂、割據紛爭和人口大規模的遷徙，對交通條件有了更高的要求；而割據一方的地方統治者為了穩固和加強自身的實力，也著力於提高各自控制的區域內的交通條件。因此，魏晉南北朝時期單個區域內的交通有了大規模的發展。這從一個方面促進了交通的發展，而這也是大一統局面下難以做到的。

　　從陸路交通方面看，在魏晉南北朝時期已經形成了比較發達的區域交通體系。形成了以京都通往各州的交通幹線和各州內從州治通往各郡的陸路交通線。特別是秦漢時期尚未得到開發的南方地區在該時期得以發展，以建康為中心通往南方各州的陸路交通線已經形成；各州內的陸路交通線也以州治為中心觸及州內各郡。北方則形成了以平城、洛陽、晉陽、鄴等京都和霸府

〔註 1〕　見湯因比著：《歷史研究》下冊，第六部《統一國家》，上海人民出版社，1964
　　　　　年版。

－111－

爲中心的陸路交通線。

馳道不僅是一種陸路交通形式，而且在一定程度上是皇權的標誌。魏晉南北朝時期的馳道雖然在規模上較秦漢時期有所縮小，形制上也不如秦漢時期壯麗。但其作爲皇權的象徵這一性質卻得以保留，並且影響到了少數族政權。

秦漢時期出現的棧道是一種依山而建的木製道路，崔浩解釋爲：「險絕之處，傍鑿山岩，而施版梁爲閣。」〔註2〕這種交通形式在魏晉南北朝時期同樣繼續得以發展，使用率很是頻繁。

在漕運方面同樣如此，出於租賦和輜重運輸的需求，漕渠建設在魏晉南北朝時期進入了一個大發展的階段，而且與陸路交通一樣出現了單個區域內的發展態勢，南方的漕運尤其得到了長足發展。形成了以建康爲中心，溝通南方各州的漕運路線和以南方各州州治爲中心通往各州內大部分地區的漕運交通線。北方由於自然條件的限制，漕運不如南方發達，但是以洛陽爲中心的漕運路線卻有一定的發展，在租賦運輸方面起了重大作用。隋大運河的貫通就是在以上漕渠建設的基礎上進行的。

魏晉南北朝時期的堰埭建設方面也很有建樹。堰埭其實是調節水量的一種工程形式，功能類似於當今的攔河壩。一般情況下，用於農田灌溉、排洪抗澇、軍事鬥爭的稱爲堰；而用於內河航運的一般稱爲埭。堰埭建設在魏晉南北朝時期大規模出現的原因主要是爲了適應規模越來越大的漕運要求。因此，它不但是漕渠建設技術提高的表現，同時也與當時經濟的發展有直接的聯繫。

郵驛和關津是以陸路和水路爲載體發展起來的。秦漢時期以驛、傳爲主的資訊傳遞系統與關津建設已經初具規模，但就其分佈範圍而言仍然以北方爲主。而且由於政治、經濟和文化的需要，驛傳呈現出以亭、郵、驛、置、傳等爲代表的多種資訊傳遞方式。魏晉南北朝時期由於郵驛和關津在軍事上的重要作用而得以快速發展。首先，亭、傳、置等由更加快捷、效率更高的驛所代替，郵成爲單純的郵書代名詞。魏晉南北朝時期正是形式單一的郵驛系統代替秦漢時期以亭、傳、置、驛、郵等構成的形式多樣的資訊傳遞系統的時期，爲隋唐郵驛制度的創立打下了基礎。其次，關津的分佈更加廣泛，尤其是在南方一帶得到發展，在規模上遠遠超過秦漢時期。

冀朝鼎先生在論及中國古代的基本經濟區和水利事業的關係時指出：「公共

〔註2〕 見《史記》卷8《高祖本紀》註

水利工程發展的進程，在很大程度上決定於統治集團用以加強對國家進行控制的政治目的。而要有效地達到這一目的，就要著重在基本經濟區這一特定地區發展水利工程，以此作爲征服與統治附屬地區所需的經濟基地。」〔註3〕這個結論不僅符合水利事業的發展目的，而且同樣適用於作爲大型公共工程的交通事業。交通管理因此成爲交通問題的重要組成部分。魏晉南北朝時期的交通管理上承秦漢交通管理的各種舉措但又呈現出明顯的時代特色。首先在交通決策上主要以秦漢時期的皇帝決策爲主，過渡爲皇帝——權臣決策；由秦漢專門職掌漕運或其他水利事業的職官或地方官員執行，轉變爲地方官員或軍事將領執行的管理方式。

在交通管理的決策方面，秦漢時期表現爲由皇帝決策，地方郡守和一些專門職官負責執行的管理體系。而這種狀況在魏晉南北朝時期發生了變化，出現了權臣——皇帝決策的形式，地方郡守和軍事將領負責執行的管理體系。

在管理機構方面，魏晉南北朝時期的陸路交通管理機構由地方郡守和一些專門職官組成。可是馳道則是由繡衣使者、司隸校尉、公車令等負責監察的官員管理。這與馳道作爲皇權的象徵這一性質分不開的。漕運管理機構是尚書水部郎和都水使者。雙方是政務官和事務官之間的關係。在具體管理方面則需要相互配合與協調。

然而魏晉南北朝時期的戰亂頻繁，軍事輜重的運輸和軍隊的轉移在交通運輸中的比重越來越大，軍事將領對交通投入了更多的關注，他們在交通管理中的作用也隨之增大，逐漸成爲交通管理的關涉機構，這明顯地表現出魏晉南北朝時期的時代特色。

魏晉南北朝時期的郵驛是在秦漢存在的亭、傳、置、郵、驛等通訊形式的基礎上發展而來的。快捷、高效的郵驛系統在軍事上起了巨大的作用。

郵驛的管理機構秦漢時期由太尉府之下的法曹主管。而魏晉南北朝時期的郵驛由各王府、開府將軍、大丞相府及司空、太師、司徒等設有的法曹管理，並且在北朝出現了專門的驛戶。這表明魏晉南北朝時期的郵驛較秦漢時期而言無論從規模上還是在效率上均大大提高。

在軍事鬥爭需要的前提下魏晉南北朝時期的關津在數量上遠遠超過秦漢

〔註3〕 詳見冀朝鼎先生著，朱詩鼇譯《中國歷史上的基本經濟區與水利事業的發展》第三章《治水活動的歷史發展與地理分佈的統計研究》。中國社會科學出版社，1981年版。

時期。其管理除了地方郡守外，一般都有專門的關吏、關都尉、津吏、津邏、津人、津都尉等管理。除盤查行人外還對來往商品進行稅收稽查。值得注意的是北魏後期時關尉、津尉隸屬於護軍府，這是關津由國家統一管理的開始。同時表明中央集權開始強化，關津管理成為國家的重要施政內容。

　　總之，在魏晉南北朝時期交通建設不僅沒有停滯反而出現了一定程度的發展，尤其是區域交通在該時期得到了長足發展。交通管理上則表現出極其濃厚的軍事化色彩，這也是當時時代特點的體現。它們為以後的交通建設和交通管理均產生了重大的影響，最突出的表現就是隋大運河的貫通是直接在魏晉南北朝時期漕渠建設的基礎上進行的。因此，研究魏晉南北朝時期的交通建設、交通管理對於我們理解隋唐時期大運河貫通的背景和經濟重心的南移有積極的促進作用。

參考書目

一、文獻資料

1. 《史記》，〔西漢〕司馬遷撰，中華書局，1959 年校點本。
2. 《漢書》，〔東漢〕班固撰，中華書局，1962 年校點本。
3. 《後漢書》，〔劉宋〕范曄撰，中華書局，1965 年校點本。
4. 《三國志》，〔西晉〕陳壽撰，〔劉宋〕裴松之註，中華書局，1959 年點校本。
5. 《晉書》，〔唐〕房玄齡等撰，中華書局，1974 年點校本。
6. 《宋書》，〔梁〕沈約撰，中華書局，1974 年點校本。
7. 《南齊書》，〔梁〕蕭子顯撰，中華書局，1972 年點校本。
8. 《梁書》，〔唐〕姚思廉撰，中華書局，1973 年點校本。
9. 《陳書》，〔唐〕姚思廉撰，中華書局，1972 年點校本。
10. 《魏書》，〔北齊〕魏收撰，中華書局，1974 年點校本。
11. 《北齊書》，〔唐〕李百藥撰，中華書局，1972 年點校本。
12. 《周書》，〔唐〕令狐德棻等撰，中華書局，1971 年點校本。
13. 《南史》，〔唐〕李延壽撰，中華書局，1975 年點校本。
14. 《北史》，〔唐〕李延壽撰，中華書局，1974 年點校本。
15. 《隋書》，〔唐〕魏徵等撰，中華書局，1973 年點校本。
16. 《宋史》，〔元〕脫脫等撰，中華書局，1977 年點校本。
17. 《資治通鑒》，〔北宋〕司馬光等撰；〔元〕胡三省註，中華書局，1982 年點校本。
18. 《建康實錄》，〔唐〕許嵩著，上海古籍出版社，1987 年版。
19. 《太平御覽》，〔北宋〕李昉等撰，中華書局，1960 年據上海涵芬樓宋本

影印本出版。

20. 《冊府元龜》，〔北宋〕王欽若等撰，中華書局，1960 年版。

21. 《初學記》，〔唐〕徐堅等撰，中華書局，1962 年版。

22. 《通典》，〔唐〕杜佑撰，中華書局，1988 年點校本。

23. 《水經注》，〔北魏〕酈道元撰，陳橋驛點校，上海古籍出版社，1990 年版。

24. 《讀史方輿紀要》，〔清〕顧祖禹撰，中華書局，1955 年版。

25. 《說文解字註》，〔東漢〕許慎撰，〔清〕段玉裁註，上海古籍出版社，1988 年 2 月第 2 版。

26. 《洛陽伽藍記校註》，〔北魏〕楊衒之著，范祥雍校註。上海古籍出版社，1978 年新 1 版。

27. 《洛陽伽藍記校釋》，〔北魏〕楊衒之著，周祖謨校釋。上海書店出版社，2000 年版。

28. 《隸釋隸續》，〔宋〕洪適著，中華書局，1985 年版。

29. 《禮記集解》，〔清〕孫希旦撰，中華書局，1989 年版。

30. 《禹貢錐指》，〔清〕胡渭著，鄒逸麟整理，上海古籍出版社，1996 年版。

31. 《春秋三傳》，〔西晉〕杜預等註，上海古籍出版社，1987 年版。

32. 《歷代制度詳說》，（宋）呂祖謙著，文淵閣《四庫全書·子部·類書類》（臺灣）商務印書館 1983 年版。

33. 《河渠紀聞》，〔清〕康基田著，中國水利工程學會民國 25 年影印本。

34. 《三國會要》，〔清〕楊晨撰，中華書局，1956 年版。

35. 《太平廣記》，〔北宋〕李昉等編，中華書局，1961 年 9 月新 1 版。

36. 《元和郡縣圖志》，〔唐〕李吉甫撰，賀次君點校，中華書局，1983 年版。

37. 《漢書補注》，〔清〕王先謙撰，中華書局，1983 年版。

38. 《荀子集解》，〔清〕王先謙撰，沈嘯寰、王星賢點校，中華書局，1988 年版。

39. 《戰國策》，〔西漢〕劉向集錄，上海古籍出版社，1978 年版。

40. 《國語》，上海師範大學古籍整理組點校，上海古籍出版社，1978 年版。

41. 《十三經注疏》（附校勘記），〔清〕阮元校刻，中華書局，1979 年版。

42. 《孟子正義》〔清〕焦循撰，沈文倬點校，中華書局新編諸子集成（第一輯），1987 年版。

43. 《金石萃編》〔清〕王昶輯，中國書店 1985 年據 1921 年掃葉山房本影印版。

44. 《古今圖書集成》〔清〕蔣廷錫等撰，中華書局民國 23 年影印本。

45. 《華陽國志》（晉）常璩撰，劉琳校註，巴蜀書社 1984 年版。

46. 《詩毛氏傳疏》〔清〕陳奐疏，商務印書館國學叢書簡編版。

47. 《唐六典》，〔唐〕李林甫等撰，陳仲夫點校，中華書局，1992 年版。

48. 《唐律疏議》〔唐〕長孫無忌等撰，劉俊文點校。中華書局，1983 年版。

49. 《文選》〔梁〕蕭統編，〔唐〕李善註，中華書局，1977 年版。

50. 《輿地紀勝》（南宋）王象之撰，中華書局，1992 年版。

51. 《日知錄集釋》〔清〕顧炎武著，〔清〕黃汝成集釋，清克誠點校，嶽麓書社 1994 年版。

52. 《劍州志》，李榕撰，同治癸酉重修，藏於北京師範大學圖書館。

二、今人著作

1. 《歷史研究》，湯因比著，上海人民出版社，1964 年版。

2. 《河山集》（四），史念海著，陝西師範大學出版社，1991 年版。

3. 《兩漢魏晉南北朝與西域關係史研究》，余太山著，中國社會科學出版社，1995 年版。

4. 《江蘇公路交通史》（第一冊），人民交通出版社，1989 年版。

5. 《廣西公路史》（第一冊），人民交通出版社，1991 年版。

6. 《前秦史》，蔣福亞著，北京師範學院出版社，1993 年版。

7. 《吐谷渾史》，周偉洲著，寧夏人民出版社，1984 年版。

8. 《漢唐交通圖考》，嚴耕望著，中央研究院歷史語言研究所專刊之八十三，中華民國 74 年版。

9. 《秦漢交通史稿》，王子今著，中共中央黨校出版社，1994 年版。

10. 《兩晉南北朝史》，呂思勉著，上海古籍出版社，1983 年版。

11. 《石門摩崖刻石研究》，郭榮章著，陝西人民美術出版社，1985 年版。

12. 《三門峽漕運遺跡》，中科院考古所編，科學出版社，1959 年版。

13. 《長江水利史略》，《長江水利史略》編寫組編寫，水利電力出版社，1979 年版。

14. 《靈渠文獻粹編》，唐兆民著，中華書局，1982 年版。

15. 《漕運與中國社會》，吳琦著，華中師範大學出版社，1999 年版。

16. 《漕運與古代社會》，陳峰著，陝西人民教育出版社，2000 年版。

17. 《中國漕運史》，李治亭著，（臺灣）文津出版社民國 86 年版。

18. 《水經注研究》，陳橋驛著，天津古籍出版社，1985 年版。

19. 《漢唐外交制度史》，黎虎著，蘭州大學出版社，1998 年版。

20. 《魏晉南北朝史論》，黎虎著，學苑出版社，1999 年版。

21. 《中國社會通史》（秦漢魏晉南北朝卷）曹文柱主編，山西教育出版社，1996 年版。

22. 《張家山漢墓竹簡》，文物出版社，2001 年版。

23. 《中國水利史綱要》，姚漢源著，水利電力出版社，1987 年版。

24. 《敦煌懸泉漢簡釋粹》，張德芳、胡平生編撰。上海古籍出版社，2001 年版。

25. 《居延漢簡釋文合校》，謝桂華、李均明、朱國炤等著。文物出版社，1987 年版。

26. 《中國郵驛發達史》，樓祖詒著，上海書店據中華書局，1928 年版影印。

27. 《中國古代道路交通史》，中國公路交通史編審委員會編著，人民交通出版社，1994 年版。

28. 《晉令輯存》，張鵬一輯，三秦出版社，1989 年版。

29. 《中國交通史》（中國文化史叢書之一），白壽彝先生著，商務印書館 1993 年 7 月影印 1937 年 1 月版。

30. 《中國歷史上的基本經濟區與水利事業的發展》，冀朝鼎著，朱詩鼇譯。中國社會科學出版社，1981 年版。

31. 《隋唐制度淵源略論稿》，陳寅恪著，三聯書店 2001 年第一版。

32. 《先秦漢魏晉南北朝詩》，逯欽立輯校，中華書局，1983 年版。

33. 《九朝律考》，程樹德著，商務印書館（上海）1955 年版。

34. 《中國歷史地圖集》，譚其驤主編，中國地圖出版社，1982 年版。

35. 《秦封泥集》，周曉陸、路東之編著，三秦出版社，2000 年版。

36. 《秦漢南北朝官印徵存》，羅福頤主編，文物出版社，1987 年版。

37. 《平城歷史地理學研究》，（日）前田正名著，李憑等譯，書目文獻出版社，1994 年版。

38. 《南方絲綢之路》，藍勇著，重慶大學出版社，1992 年版。

39. 《四川古代交通路線史》，藍勇著，西南師範大學出版社，1989 年版。

40. 《中國運河史》，常征、于德源著，燕山出版社，1989 年版。

41. 《中國的運河》，史念海著，陝西人民出版社，1988 年版。

42. 《世說新語箋疏》，余嘉錫撰，周祖謨、余淑宜整理，中華書局，1983 年版。

43. 《漢簡綴述》（考古學專刊甲種第十五號），陳夢家著，中國社會科學院考古所編輯，中華書局，1980 年版。

44. 《中國水利史稿》（上冊），武漢水利電力學院、水利水電科學研究院編，水利電力出版社，1979 年版。

45. 《六朝太湖流域的發展》，黃淑梅著，（臺北）聯鳴文化有限公司 1982 年版。

46. 《隋唐時期的運河和漕運》，潘鏞著，三秦出版社，1986 年版。

47. 《魏晉南北朝水利史研究》（日）佐久間吉也，開明書院 1980 年版。

三、論　文

1. 勞榦：《論漢代之陸運與水運》，載國立中央研究院編《歷史語言研究所集刊》第十六本。商務印書館民國 36 年版。

2. 中科院考古所洛陽漢魏城工作隊：《北魏洛陽外廓城和水道的勘查》，載《考古》1993 年 7 期。

3. 陝西省考古所：《褒斜道石門附近棧道遺跡及其題刻的調查》，載《文物》1964 年 11 期。

4. 陝西省文物管理委員會、陝西省博物館：《褒斜道連雲棧南段調查簡報》，載《文物》1964 年 11 期。

5. 黎虎：《曹操屯田的歷史作用與地位》，載《魏晉南北朝史論》，學苑出版社，1999 年版。

6. 黎虎：《三國時期的自耕農經濟》，載《魏晉南北朝史論》，學苑出版社，1999 年版。

7. 王育民：《南北大運河始於曹魏論》，載《上海師範大學學報》1986 年 1 期。

8. 蔣福亞：《三吳地區經濟的發展和江南河的開鑿》，載《運河訪古》，上海人民出版社，1986 年版。

9. 馮廣宏：《壅江作堋考》，載《都江堰史研究》，都江堰管理局編，四川省社會科學院出版社，1987 年版。

10. 高敏：《秦漢郵傳制度考略》，載《歷史研究》1985 年 3 期。

11. 徐樂堯：《居延漢簡所見的邊亭》，載《漢簡研究文集》，甘肅省文物工作隊、甘肅省博物館編，甘肅人民出版社，1984 年版。

12. 湖南省文物考古研究所等：《湖南龍山里耶戰國——秦代古城一號井發掘簡報》，載《文物》2003 年 1 期。

13. 中村圭爾（日）：《建康と水運》，載《中國水利史論叢》，中國水利史研究會編，圖書刊行會昭和 59 年 10 月發行。

14. 張衛東：《浮山堰》，載《中國水利》1985 年 11 期。

15. 張金龍博士論文：《魏晉南北朝禁衛武官制度研究》，文藏北京師範大學圖書館。

16. 廖生訓碩士論文：《魏晉南北朝館驛建置探論》，文藏首都師範大學圖書館。

附錄：論十六國前期民族政策之嬗變

馬曉峰

內容提要

　　根據十六國前期各主要少數民族政權對晉王室鬥爭策略和被統治民族政策的不同，可分為漢——前趙、後趙與前燕、前秦兩種不同的類型。前者在階級矛盾極端尖銳的情況下，對晉王室及其殘餘勢力進行毀滅性的打擊；對於被統治民族的政策也多以軍事征服為特點，具有野蠻性和強制性的一面。後者在民族矛盾上陞為主要矛盾的形勢下，審時度勢，積極拉攏漢族士族，對於偏安於南方的東晉政權若即若離；對於境內被統治民族多採取羈縻拉攏的政策。

　　之所以會出現兩種不同類型，以及由第一種類型向第二種類型的轉化，縱然有民族矛盾上陞為主要矛盾的一面，但最重要的還是內遷各族在經濟生活上的由游牧經濟向農業經濟的轉化；內遷各族漢化程度的逐漸加深；以及由此導致的民族共同體的逐漸解體。

　　民族共同體的解體過程是一個非常緩慢而且曲折的過程。因此表現在民族政策上也就產生了一種錯綜複雜的局面，甚至出現了倒退的逆流。但就總體而言，十六國前期北方各主要少數民族政權的民族政策呈現出由落後到相對完善的曲折的向前發展的態勢。

　　民族矛盾是十六國時期的主要社會矛盾。西晉政權崩潰後，北方廣大地區被匈奴、鮮卑、羯、氐、羌等少數民族建立的諸多政權所控制。這些政權在創立之前及創立初期大多保留了原先的部落形態，在生產力比較低下的情況下他們均採用聯合其他少數民族豪酋的方式來維護自身的利益。爲鞏固其統治起見，調整統治民族與被統治民族之間的關係，便成爲這些政權自始至終所面臨的首要問題。也就是說，民族關係處理的好壞與其政權的建立及能否長期存在休戚相關。民族政策就是爲此而製定的，它在一定程度上反映了這一時期民族關係演變的歷程。因此，研究該時期的民族政策可以從一個側面探討該時期民族關係發展的趨勢。本文擬就淝水之戰前即十六國前期各政權的民族政策作一初步考察，以求對該時期的民族關係狀況有所瞭解。

一、各少數民族政權對晉王室鬥爭策略的逐步轉變

　　東漢末年軍閥混戰的後果之一，便是社會經濟的極度破壞和衰竭，勞動力喪亡的慘重現象堪稱史所少見。爲了補充兵源和緩解勞動力的不足，各股政治勢力採取的措施主要有以下三項：其一，鼓勵人口增殖；其二，通過戰爭虜掠人口，將其驅逼到自己足以控制的地區；其三，驅逼和引誘邊遠地區或深山老林裏的少數民族內遷或出山。相比之下，後兩項似乎更直接或更容易見效一點。於是，非但人口的掠奪在史籍中經常可見，邊遠地區少數民族的內徙也幾乎成爲風湧的浪潮。《晉書・文帝紀》記載：「九服之外，絕域之氓，曠世所希至者，咸浮海來享，鼓舞五德，前後至者八百七十餘萬口」。《後漢書・郡國志》注引《帝王世紀》記載，「景元四年（263年），與蜀通計民戶九十四萬三千四百二十三，口五百三十七萬二千八百九十一」。那麼司馬昭當政時期，僅在魏蜀兩地，內遷的少數民族人口，竟超過原有人口的 450 萬左右，爲原有人口的 162%。這一數字難以令人置信，但是邊遠地區少數民族人民大量內徙卻是無庸置疑的鐵一般的事實。就北方而言，內徙的少數民族人民主要有匈奴、羯、烏丸、氐、羌和鮮卑等。他們成爲中原王朝補充兵源，增加勞動人手的重要來源。但是，他們的命運卻十分悲慘，深受階級的和民族的雙重壓迫。《三國志・梁習傳》記載「習到官，誘喻招納，皆禮召其豪右，稍稍薦舉，使詣幕府；豪右已盡，乃次發諸丁強以爲義從；又因大軍出征，分請以爲勇力。吏兵已去之後，稍移其家，前後送鄴，凡數萬口；其不從命者，興兵致討，斬首千數，降附者萬計。單于恭順，名王稽顙，部曲服事供

職，同於編戶」。表面上看，「同於編戶」的是一般的部眾，「單于」及「名王」只不過是歸順聽命而已，實質是隨著這一進程，少數族豪酋也逐步喪失了他們往昔的權勢和榮耀：「自漢亡以來，魏晉代興，我單于雖有虛號，無復尺土之業，自諸王侯，降同編戶。」〔註1〕更有甚者，爲數不少的內遷少數族人民竟被掠賣爲奴，連世爲「部落小率」的石勒也難幸免。此等狀況，使民族矛盾的激化在所難免。

在諸少數民族中，南匈奴內遷較早，居住地區相對集中，人數在 29000 餘落左右。中原王朝雖然對其採用分而治之的辦法，卻難以從根本上阻止其豪酋間的秘密往來。實際上他們是西晉時期西北邊遠地區少數民族中最具實力的一支。其豪酋非但留戀昔日匈奴帝國的盛況，更欲在中原直至全國建立自身的獨斷統治。他們爲此時刻窺度形勢，以求一逞。八王之亂給他們帶來了絕好的機遇，以劉淵爲首的匈奴貴族利用階級矛盾與民族矛盾空前激化的形勢，樹起了反晉的旗幟。永興元年（304年）劉淵即漢王位；永嘉二年（308年）改稱皇帝。匈奴漢王朝建立後，其他少數民族豪酋紛紛起兵響應，「時汲桑起兵趙魏，上郡四部鮮卑陸逐延、氐酋大單于徵、東萊王彌及石勒等並相次降之，元海悉署其官爵」。〔註2〕

匈奴漢王朝是在西晉末年階級矛盾空前激化的烽火中建立起來的。擺脫了晉王朝控制的匈奴屠各部貴族爲了進據中原，建立自己的統治，勢必將其鬥爭矛頭對準晉王室，盡可能地給予毀滅性的打擊。呼延晏、王彌、劉曜圍攻洛陽時「城內饑甚，人皆相食，百官分散，莫有固志。宣陽門陷，彌、晏入于南宮，升太極前殿，縱兵大掠，悉收宮人、珍寶。曜於是害諸王及百官已下三萬餘人，於洛水北築爲京觀」。〔註3〕劉聰俘虜晉懷帝後，「起初以懷帝爲特進，左光祿大夫、平阿公，後又假懷帝儀同三司，封會稽郡公。〔註4〕但是，隨著匈奴漢王朝在與西晉殘餘勢力爭鬥中屢遭挫折，西晉舊臣多以救駕爲號召，與匈奴貴族進行鬥爭。首先在并州的劉琨，潛結鮮卑拓跋猗盧，對漢政權構成巨大的威脅；其次，劉曜自關中地區退回平陽後，賈疋等擁戴秦王司馬鄴爲皇太子，號召西晉殘餘勢力抗擊匈奴。雖然剛剛立足於長安的西

〔註1〕 《晉書》卷101，《劉元海載記》。
〔註2〕 《晉書》卷101，《劉元海載記》。
〔註3〕 《晉書》卷102，《劉聰載記》。
〔註4〕 《晉書》卷102，《劉聰載記》。

晉殘餘勢力內部矛盾重重，爲了爭權而不斷自相殘殺。但是它的存在無疑對匈奴漢王朝有巨大的威懾作用。陳元達切諫劉聰的一席話，深刻地反映了當時的困境：「今有晉遺類，西據關中，南擅江表；李雄奄有巴蜀；王浚、劉琨窺窬肘腋；石勒、曹疑貢稟漸疏……陛下承荒亂之餘，所有之地不過太宗之二郡，戰守之備，非特匈奴、南越而已」。〔註 5〕劉聰片面地以爲這種局面的形成是由於晉皇室的存在而造成的，於是借機「逼帝行酒，光祿大夫庾珉、王儁等起而大哭，聰惡之。會有告珉等謀以平陽應劉琨者，聰遂鴆帝而誅珉、儁」。〔註 6〕俘虜晉愍帝後，此種心態更是體現得淋漓盡致。「（劉）聰校獵上林，以（愍）帝行車騎將軍，戎服執戟前導，行三驅之禮。（劉）粲言於聰曰：「『今司馬氏跨據江東，趙固、李矩同逆相濟，興兵聚眾者皆以子鄴爲名，不如除之，以絕其望』。聰然之」。〔註 7〕劉粲的言論生動地說明了西晉殘餘勢力「以子鄴爲名」興兵聚眾，抗擊匈奴的現實，以及匈奴貴族企圖用誅殺晉帝的方式而「以絕其望」的對策。建武元年（317 年）「聰饗群臣于光極殿，使愍帝行酒洗爵，已而更衣，又使之執蓋。晉臣多涕泣，有失聲者。尚書郎隴西辛賓起，抱帝大哭，聰命引出，斬之」〔註 8〕

應該說匈奴漢王室在當時階級矛盾尖銳，剛剛擺脫西晉王朝壓迫的情況下對晉王室進行報復性屠殺有其歷史必然性。這是與西晉王朝對匈奴等少數民族實行民族壓迫是分不開的。因此，在這一點上我們不能刻意用「進步的」，抑或「落後的」標準來評價匈奴漢——前趙王朝的民族政策。雖然在這場對晉王室進行毀滅性的絞殺中廣大老百姓也不可避免地慘遭殺戮，流離失所，蒙受了巨大損失。但劉淵等人的矛頭所向還是比較明確的。如漢河瑞元年（309 年）三月，劉淵以晉降將朱誕爲前鋒都督，任命劉景爲滅晉大將軍，總軍攻取黎陽，劉景等人在黃河邊的延津大敗晉軍後，沉殺男女三萬餘人於黃河，劉淵聞之大怒：「（劉）景何面復見朕！且天道豈能容之。吾所欲除者，司馬氏耳，細民何罪！」〔註 9〕這反映出劉淵的鬥爭矛頭是針對晉統治者的，而非廣大的「晉人」。另外，在階級矛盾極端尖銳的烽火中出現的劉淵起兵及其力圖從根本上摧毀晉王室的策略也得到了許多少數族豪酋的

〔註 5〕　《晉書》卷 102，《劉聰載記》。
〔註 6〕　《晉書》卷 102，《劉聰載記》。
〔註 7〕　《晉書》卷 102，《劉聰載記》。
〔註 8〕　《資治通鑑》卷 90。
〔註 9〕　《資治通鑒》卷 87。

支持。石勒規勸張㔉督歸附劉淵的一席話深刻地反映了這一情況，石勒說：
「『劉單于舉兵誅晉，部大距而不從，豈能獨立乎？』曰：『不能』。勒曰：『如
其不能者，兵馬當有所屬。今部落皆已被單于賞募，往往聚議欲叛部大而歸
單于矣，宜早爲之計』。」〔註10〕

　　繼漢——前趙政權而起的後趙政權是由羯人石勒所建立的。石勒本人在
崛起前，飽受西晉權貴的壓迫，他早年曾被掠賣爲奴，深受晉王朝官吏的欺
壓，「會建威將軍閻粹說并州刺史、東嬴公（司馬）騰執諸胡於山東賣充軍實，
騰使將軍郭陽，張隆虜群胡將詣冀州，兩胡一枷。勒時年二十餘，亦在其中，
數爲隆所毆辱」。〔註11〕後來，石勒又在茌平人師懽家爲奴。悲慘的經歷使得
他對晉統治者有著刻骨的仇恨。另外，更重要的是，他作爲劉淵的部屬，也
必須執行漢國的政策。這樣，在其崛起初期，在與晉王室的鬥爭中必然體現
出殘暴的一面。當石勒與汲桑起兵不久，在擊敗東嬴公司馬騰的部隊後「……
遂害騰，殺萬餘人，掠婦女珍寶而去」。〔註12〕石勒率軍攻陷白馬俊，「坑男
女三千餘口，東襲鄄城，害兗州刺史袁孚。因攻倉垣，陷之，遂害（王）堪」。
〔註13〕當東海王司馬越仟討伐石勒時死於軍中，石勒乘勢擊潰他的部隊，殺
將軍錢端，「……執（王）衍及襄陽王（司馬）範、任城王濟、西河王喜、梁
王禧、齊王超、吏部尚書劉望、豫州刺史劉喬、太傅長史庾敳等……勒於是
引諸王公卿士於外害之，死者甚眾。勒重衍清辨，奇範神氣，不能加之兵刃，
夜使人排牆填殺之」。〔註14〕之後，石勒又擊潰司馬越世子司馬毗及其部眾，
「執毗及諸王公卿士，皆害之，死者甚眾」。〔註15〕在擊敗晉冠軍將軍梁巨的
軍隊後，「（石）勒馳如武德，坑降卒萬餘，數梁巨罪而害之」。〔註16〕石勒的
種種暴行較劉淵、劉聰等屠殺晉王公卿士族有過之而無不及。但是在石勒統
治時期對晉王室的態度已較漢——前趙政權大有不同。其中最重要的便是他
在著力打擊晉王室的同時並不排斥漢族士族，尤其是他已自覺或不自覺地接
受漢文化中的「忠義」觀念，又將這一觀念貫徹於其民族政策之中。石勒在

〔註10〕　《晉書》卷104，《石勒載記》。
〔註11〕　《晉書》卷104，《石勒載記》。
〔註12〕　《晉書》卷104，《石勒載記》。
〔註13〕　《晉書》卷104，《石勒載記》。
〔註14〕　《晉書》卷104，《石勒載記》。
〔註15〕　《晉書》卷104，《石勒載記》。
〔註16〕　《晉書》卷104，《石勒載記》。

徵招晉故東萊太守趙彭爲其經營鄴城時，趙彭「入泣而辭曰：『臣往策名晉室，食其祿矣。犬馬戀主，切不敢忘……但受人之榮，復事二姓，臣志所不爲，恐亦明公之所不許。若賜臣餘年、全臣一介之願者，明公大造之惠也』。勒默然」。〔註 17〕石勒不僅寬宥了趙彭而且「賜安車駟馬，養以卿祿，辟其子（趙）明爲參軍」。〔註 18〕趙彭此番慷慨激昂的忠於晉皇室的言論在漢——前趙政權下其結果是不堪想像的。石勒在擊潰王浚後，派徐光給王浚羅列其罪行時說：「……（王浚）手握強兵，坐觀京師傾覆，不救天子，而欲自尊。又專任姦暴，殺害忠良，肆情恣欲，毒遍燕壤。自貽于此，非爲天也」。〔註 19〕此外，又「數朱碩、棗嵩、田矯等以賄亂政，責游統不忠於浚，皆斬之」。〔註 20〕』祖約「造反未遂」，投奔石勒後，「勒以祖約不忠於本朝，誅之，及其諸子姪親屬百餘人」〔註 21〕當張敬、張賓等人勸石勒稱帝時，石勒卻以「昔周文以三分之重，猶服事殷朝；小白居一匡之盛，而尊崇周室。況國家道隆殷周，孤德卑二伯哉」〔註 22〕爲藉口予以推辭。這些理由縱然有著意美化自己的一面，但又生動體現了漢文化對其有深刻影響的一面。王浚「坐觀京師傾覆，不救天子，而欲自尊」；朱碩等人「以賄亂政」；游統「不忠于（王）浚」；祖約「不忠於本朝」等行爲均爲漢文化倡導的「忠義」觀念所不容。這也成爲石勒誅殺他們的口實。而「國家道隆殷周」，又說明了石勒著意以漢文化正統繼承者自居的心態。

石勒在與晉并州刺史劉琨相攻時，劉琨致書石勒要其效忠晉室，石勒答曰：「事功殊途，非腐儒所聞。君當逞節本朝，吾自夷，難爲效」〔註 23〕這件事說明石勒不願臣事晉王室的最根本原因在於夷夏之防，同時也說明石勒與晉王室的矛盾在於種族衝突之內。另外，石勒與徐光的一席話也頗令人玩味，「（徐）光承間言於勒曰：『今國家無事，而陛下神色若有不怡，何也？』勒曰：『吳、蜀未平，吾恐後世不以吾爲受命之王也』」〔註 24〕結合石勒婉拒劉琨約其匡扶晉室時所表現出來的「夷夏之防」觀念，來思考他對徐光所說的

〔註 17〕 《晉書》卷 104，《石勒載記》。
〔註 18〕 《晉書》卷 104，《石勒載記》。
〔註 19〕 《晉書》卷 104，《石勒載記》。
〔註 20〕 《晉書》卷 104，《石勒載記》。
〔註 21〕 《晉書》卷 104，《石勒載記》。
〔註 22〕 《晉書》卷 104，《石勒載記》。
〔註 23〕 《晉書》卷 104，《石勒載記》。
〔註 24〕 《資治通鑑》卷 95。

所謂「受命之王」思想，不能不說漢文化對他具有深刻的影響。石勒一方面深受漢文化影響，在「忠義」思想的驅使下力圖做一個「受命之王」；另一方面，在濃厚的「夷夏之防」觀念盛行的現實條件下又表現出強烈的民族自卑感。但不管怎樣石勒對於晉王室在種族衝突內所表現出的種種舉措與匈奴政權在階級矛盾激化的條件下，以「漢」旗幟爲號召，「舉兵誅晉『力圖』復呼韓邪之業」的國策是有所不同的。這些區別之所以出現，其實質原因是中原先進的文化對相對落後的游牧文化的影響。結合當時具體的歷史條件則是從漢——前趙到後趙這一時期，內遷少數民族開始了其封建化的進程。

　　創立前燕政權的鮮卑慕容部是在莫護跋時期開始移居遼西的。西晉末年，山東、河北的一些世家大族及廣大老百姓爲躲避戰亂，大量湧入慕容部領地，此舉極大地增強了慕容部的實力。慕容部貴族積極任用中原流亡士庶，因勢利導地扶植農業生產，「（慕容）廆刑政修明，虛懷引納，流亡士庶多襁負歸之……故是路有頌聲，禮讓興矣」。〔註25〕在此局面下，慕容部貴族制訂了聯合東晉政權，以匡扶晉室爲號召，進而奪取中原的戰略藍圖。永嘉初年，附塞鮮卑素連、木津起兵反抗遼東人守龐本時，慕容廆之子慕容翰力諫其父：「『求諸侯莫如勤王，自古有爲之君靡不杖此以成事業者也……單于宜明九伐之威，救倒懸之命，數連、津之罪，合義兵以誅之。上則興復遼邦，下則并吞二部，忠義彰於本朝，私利歸于我國……』廆從之」。〔註26〕慕容翰的建議勾劃了鮮卑慕容部在封建化進程加強過程中鮮卑慕容部進軍中原的戰略步驟。另外，東晉政權爲了減輕來自後趙的軍事壓力，也期望鮮卑慕容部牽制後趙。建武年間，晉元帝封官加爵於慕容廆時，征虜將軍魯昌規勸慕容廆：「『明公雄據海朔，跨總一方，而諸部猶怙眾稱兵，未遵道化者，蓋以官非王命，又自以爲強。今宜通使琅邪，勸承大統，然後敷宣帝命，以伐有罪，誰敢不從』廆善之，乃遣其長史王濟浮海勸進。」〔註27〕慕容廆之所以能夠順水推舟，接受晉王室的封賞，最根本的原因在於魯昌的言論與慕容翰所制訂的戰略方針同出一轍，互相呼應。兩者聯合東晉政權的策略都是圍繞慕容部進據中原這一戰略藍圖展開的。爲了聯合東晉政權，慕容部貴族必須得到漢族士族的支持，慕容廆拉攏高瞻的一席話深刻地反映了他希望得到漢族士族支持

〔註25〕　《晉書》卷108，《慕容廆載記》。
〔註26〕　《晉書》卷108，《慕容廆載記》。
〔註27〕　《晉書》卷108，《慕容廆載記》。

的迫切心情：「今天子播越，四海分崩，蒼生紛擾，莫知所係，孤思與諸君匡復帝室，翦鯨豕于二京，迎天子於吳會，廓清八表，侔勳古烈，此孤之心也，孤之願也。君中州大族，冠冕之餘，宜痛心疾首，枕戈待旦，奈何以華夷之異，有懷介然。且大禹出于西羌，文王生于東夷，但問志略何如耳，豈以殊俗不可降心乎！」〔註28〕這段材料同時生動地說明了慕容廆力圖以「匡復帝室」爲幌子，實現其成爲大禹、文王的心願。此時，後趙政權由於其內部民族矛盾與階級矛盾趨於激化政權搖搖欲墮的態勢給鮮卑慕容部進據中原提供了契機。慕容儁擊滅了冉閔的部隊後於永和八年（352年）正式即皇帝位。慕容儁的即位宣告了鮮卑慕容部貴族聯合東晉政權，進據中原的戰略藍圖的實現。於是，「匡復帝室」的政治口號已失去現實意義，鮮卑慕容部已沒有必要在名義上服從於東晉政權。爲此，慕容儁理直氣壯地告訴東晉使臣：「汝還白汝天子，我承人乏，爲中國所推，已爲帝矣」。〔註29〕

前秦政權是由苻氏爲核心的氐族權貴創立的。氐族內遷較早，在漢代已經有了比較發達的農業。由於氐族長期跟漢人雜居，漢化程度也比其他少數族高。後趙末年，氐族酋豪苻洪在鎮壓梁犢起義中，軍事實力迅速增強。但這也引起了後趙的警覺，他的幾個兒子相繼被石虎殺害。當苻洪的死對頭冉閔控制了後趙政權以後，便磨刀霍霍，準備向苻洪開刀。在此生死攸關的嚴峻形勢下，苻洪不得不起兵反抗後趙。苻洪起兵之後，利用後趙末年階級矛盾、民族矛盾極端高漲的形勢，向東晉政權求取封號，以增強其鬥爭實力。苻洪臣事東晉的態度，符合當時「人心思晉」的現實情況，得到了廣泛的支持，隊伍迅速擴大到十萬左右。苻洪死後，苻健繼續執行苻洪的「聯晉」策略，甚至在打敗杜洪，進兵長安後仍「遣使獻捷京師，并修好於桓溫」。〔註30〕

其實，早在苻洪起兵時，就已有了稱帝的野心，當苻洪與其官屬商議是否接受石鑒給他的封號時，「主簿程樸請且與趙連和，如列國分境而治。洪怒曰：『吾不堪爲天子邪，而云列國乎！』引樸斬之」。〔註31〕由此可見，苻洪的「聯晉」政策只不過是實現其稱帝願望的權宜之計罷了。苻健奪取關中之後，稱臣於晉已無必要。永和七年，在苻健的授意下，群臣上尊號，苻健稱

〔註28〕 《晉書》卷108，《慕容廆載記·附高瞻傳》。
〔註29〕 《晉書》卷110，《慕容儁載記》。
〔註30〕 《晉書》卷112，《苻健載記》。
〔註31〕 《資治通鑒》卷98。

天王、大單于。至此前秦正式建國。

　　苻堅即位後，繼續致力於發展固有的農業經濟，致使關隴一帶的經濟迅速復蘇。經濟發展之後，在苻堅、王猛的努力下綱紀也得到相應的整頓，儒學逐步興旺。「自永嘉之亂，庠序無聞，及（苻）堅之僭，頗留心儒學，王猛整齊風俗，政理稱舉，學校漸興。」〔註32〕

　　前秦境內一度出現了安定發展的局面。在國力達到鼎盛的前秦政權眼中，偏安江南的東晉政權已經不是天下「正朔」之所在，而是「王化未行」之地。雄心勃勃的苻堅以期平定東晉，「南遊吳越，整六師而巡狩，謁虞陵於疑嶺，瞻禹穴於會稽，泛長江，臨滄海。」〔註33〕對於東晉君臣，深受儒學思想熏陶的苻堅也從仁義出發，對他們採取「寬容」的態度。欲「以帝爲尚書左僕射，謝安爲吏部尚書，桓沖爲侍中，並立第以待之」。〔註34〕這和漢——前趙殺戮晉懷帝、晉愍帝是截然不同的，說明了苻堅力圖將自己塑造成一個「仁義」君主的心態。

　　通過前邊對漢——前趙、後趙、前燕和前秦各少數族政權對待晉王室的不同策略，我們可以將其分爲兩種類型。即漢——前趙、後趙政權爲第一種類型；前燕、前秦爲第二種類型。第一種類型通過對晉王室進行毀滅性打擊，來建立自身的統治。後者則以「聯晉」爲旗號，竭力拉攏晉王室，來實現其進據中原，建立統治的目的。就總體而言，這兩種類型均產生於兩個共同的條件。1、各族內遷後，由於晉王室階級的、民族的雙重壓迫使他們產生了對晉王室的反抗和報復的心理。在當時的條件下，他們不可能也決不會將統治者和被統治者區分開來。由此便轉化爲對整個漢民族的仇恨和報復，從而使得民族矛盾日趨激化和發展。這同時也是導致十六國紛爭局面出現的一個根本原因，每一個政權的建立、興亡都是在這一根本原因下出現的。2、各族均有進據中原，進而建立起自身統治的目的。因此不把晉王室打倒，他們的目的難以實現。圍繞著這兩個共同條件所產生的兩種類型，隨著鬥爭形勢的變化，使得同一類型中也出現了差別：

　　在第一種類型下，漢——前趙政權和後趙政權都曾對晉王室進行過毀滅性打擊。但是曾作爲匈奴劉氏政權的軍事將領的石勒，在其勢力逐漸壯大後，

〔註32〕　《晉書》卷113，《苻堅載記》。
〔註33〕　《晉書》卷114，《苻堅載記》。
〔註34〕　《晉書》卷114，《苻堅載記》。

便力圖擺脫劉氏政權的控制，甚至取而代之。在此目的下，就石勒而言，他的頭號敵人已由晉王室變爲漢——前趙政權。爲了與漢——前趙政權鬥爭，特別是與劉曜爭雄。石勒適時地調整了其戰略方針。爲此他竭力倡導「忠義」觀念，竭力與祖逖、劉琨等人修好關係，以便集中力量，打擊劉曜。這便是石勒對晉王室若即若離的根本原因所在。在第二種類型下，鮮卑慕容部與氐族苻氏都曾以「聯晉」政策作爲他們建立政權的旗號，但是兩者也有不同，鮮卑慕容部的「聯晉」政策，從慕容廆於建興中被晉王室封爲鎮軍將軍、昌黎、遼東二國公起到慕容儁於永和八年即帝位止，經過近三十七、八年的經營，不但得到了流亡在慕容部領地的漢族士族的全力支持而且確實贏得了晉王室的信任。這對鮮卑慕容部的封建化進程的加快，以及自身實力的迅速壯大都是有著積極意義的。而氐族苻氏起兵初期不但依附於後趙政權，而且在鎮壓梁犢起義中增強了其實力；其「聯晉」政策只不過是爲了在後趙末年的民族矛盾極端高漲的局面下試圖乘機「分得一杯羹」而採取的一種權宜之計，因此，在第二種類型下，鮮卑慕容部於氐族苻氏的「聯晉」政策，在深度和廣度上大有區別，前者遠遠勝過後者。通過以上分析我們還發現，在第一種類型下，即漢——前趙、後趙利用西晉末年階級矛盾激化的情況對晉王室進行毀滅性打擊的過程中造成了民族矛盾的極端高漲，在民族矛盾極端高漲的情況下，第二種類型即鮮卑慕容部和氐族苻氏爲了達到他們進據中原，建立自己統治的目的，適時採用「聯晉」政策，以此搏取北方人民的支持，從而實現其建立政權的戰略任務。因此，由階級矛盾到民族矛盾的轉變是第一種類型向第二種類型過渡的根本原因。

二、各少數民族政權民族政策的逐步轉變

劉淵起兵之後，爲了取得其他少數族人民的支持，壯大其政治、軍事實力，對於聚眾起兵響應他的其他少數族酋豪「悉署其官爵」。石勒在規勸張䳗督歸附劉淵時曾對他說：「今部落皆已被單于賞募，往往聚議欲叛部大而歸單于矣，宜早爲之計」。〔註35〕這段話深刻反映了劉淵以「賞募」爲手段，積極拉攏其他少數族豪酋的事實。但是在漢王國內，權力分配的原則是：「宗室以親疏爲等，悉封郡縣王，異姓以勳謀爲差，皆封郡縣公侯」〔註36〕因此，匈

〔註35〕《晉書》卷104，《石勒載記》。
〔註36〕《晉書》卷101，《劉元海載記》。

奴漢王國的政治、軍事要職均被匈奴五部權貴們掌握。在漢——前趙政權中，之所以也有一部分漢族士族，如范隆、朱紀、崔游、崔懿之等，那是因爲漢——前趙政權所統治的地區主要是漢人聚居地，漢族人口在漢——前趙內佔有很大比例。另外，劉淵是以「漢」旗號爲號召進行反晉鬥爭的，如果不籠絡、利用一部分漢族士族，那麼漢——前趙統治是無法維繫的。這樣，在漢——前趙政權內，漢族與匈奴之間，匈奴與其他各族之間的民族矛盾必然普遍存在。而民族矛盾一旦和階級矛盾交織在一起，便形成了一種錯綜複雜的局面。特別是在其統治腐朽之際，潛藏在各少數民族之間的矛盾便會一發而不可收拾地爆發出來。劉曜當政時期，「長水校尉尹車謀反，潛結巴酋徐庫彭，曜乃誅車，囚庫彭等五十餘人于阿房，將殺之。光祿大夫游子遠固諫，曜不從……幽子遠而盡殺庫彭等……於是巴氏盡叛，推巴歸善王句渠知爲主，四山羌、氐、巴、羯應之者三十餘萬，關中大亂，城門晝閉」。〔註37〕

面對境內其他少數族的反叛浪潮，前趙政權被迫採取懷柔政策。光祿大夫游子遠鎮壓了上郡氐羌酋豪虛除權渠叛亂後，「啓曜以權渠爲征西將軍、西戎公。」〔註38〕此種懷柔政策確實取得了一些效果，「西戎之中，權渠部最強，皆稟其命而爲寇暴，權渠既降，莫不歸附」。〔註39〕這樣，基本上撲滅了關中各地氐、羌等族的反抗。「氐羌悉下，並送質任」。〔註40〕

另外，胡漢分治政策也是漢——前趙民族政策的重要內容之一。早在劉淵於左國城起兵建國時，他首先自稱大單于，接著才稱漢王。劉聰即帝位後，大定百官，其中「置左右司隸，各領戶二十餘萬，萬戶置一內史，凡內史四十三，單于左右輔，各主六夷十萬落，萬落置一都尉」。〔註41〕在這項政策下，單于左右輔所統轄的「六夷」總數達到二十萬餘落，數量如此巨大，足以說明大單于一職並非虛設。劉曜當政之後，在鎮壓和招撫境內少數民族反叛時也任用了一些少數族豪酋，「署劉胤爲大司馬，進封南陽王，以漢陽諸郡十三爲國；置單于臺于渭城，拜大單于，置左右賢王已下，皆以胡、羯、鮮卑、氐、羌豪桀爲之」。〔註42〕然而這些補救措施並不能挽回前趙王國江河日下的

〔註37〕 《晉書》卷103，《劉曜載記》。
〔註38〕 《晉書》卷103，《劉曜載記》。
〔註39〕 《晉書》卷103，《劉曜載記》。
〔註40〕 《晉書》卷103，《劉曜載記》。
〔註41〕 《晉書》卷103，《劉聰載記》。
〔註42〕 《晉書》卷103，《劉曜載記》。

局面。由於劉曜在統治後期濫用民力、財力，為其父、其妻修建陵墓；大興土木，興建宮室；又頻繁發動對隴西、河西、仇池以及後趙的戰爭。致使境內各族人民的負擔逐漸加重，階級矛盾和民族矛盾也隨之尖銳。

總之，在漢——前趙政權下，漢族與各少數民族的矛盾，各少數民族之間的矛盾是普遍存在的。由於西晉末年階級矛盾的極端高漲，在劉淵起兵時，必然地出現了各少數民族聯合起來共同對付漢族的情況。隨著鬥爭形勢的一步步深入，漢——前趙政權對其境內各族採用了打擊為主，拉攏為輔的政策。首先，在起兵之初，匈奴屠各部貴族為了壯大鬥爭實力，取得其他少數族人民的同情和支持，採用「賞募」的手段，積極拉攏其他少數族豪酋及一些分散的反晉勢力。其次，隨著鬥爭形勢的進一步發展，漢——前趙政權面對境內各種矛盾的交織、激化而手足無措。因此，打擊和鎮壓便成為漢——前趙統治者解決這些矛盾的主要政策。這不僅於事無補反而導致了漢——前趙政權的瓦解。

隨著西晉的滅亡，石勒清晰地認識到，西晉殘餘勢力已不足為患，阻礙他建立自身統治的將是漢——前趙這股勢力。因此，他把鬥爭矛頭逐漸指向匈奴貴族。同時，儘量利用各敵對勢力之間的矛盾，分化瓦解，為己所用。石勒對鮮卑段部的措置，相當典型。當石勒生擒遼西鮮卑段末柸之後「（段）就六眷等眾遂奔散。（孔）萇乘勝追擊，枕尸三十餘里，獲鎧馬五千匹。就六眷收其遺眾，屯于渚陽，遣使求和，送鎧馬金銀，并以末柸三弟為質而請末柸。諸將並勸勒殺末柸以挫之，勒曰：『遼西鮮卑，健國也，與我素無怨仇，為王浚所使耳。今殺一人，結怨一國，非計也。放之必悅，不復為王浚用矣』。於是納其質，遣石季龍盟就六眷于渚陽，結為兄弟，就六眷等引還。」〔註43〕石勒此舉不但贏得了鮮卑段部的歸附，而且在其他各族中取得了連鎖反應，「烏丸審廣、漸裳、郝襲背王浚，密遣使降于勒」。〔註44〕當其勢力壯大，足以自立時，立即與劉曜展開了爭奪北方統治權的鬥爭，甚至像漢趙對待西晉王室一樣，不惜採取斬盡殺絕的手段，永絕後患。「（石）季龍執其偽太子熙，南陽王劉胤并將相諸王等及其諸卿校公侯已下三千餘人，皆殺之。徙其臺省文武、關東流人、秦雍大族九千餘人于襄國，又坑其王公及五郡屠各五千餘人于洛陽」。〔註45〕

〔註43〕《晉書》卷104，《石勒載記》。
〔註44〕《晉書》卷104，《石勒載記》。
〔註45〕《晉書》卷103，《劉曜載記》。

　　後趙同樣實行胡漢分治政策，但與漢——前趙比較卻大有不同。在分治政策實施的背景上，漢——前趙是針對當時階級矛盾極端尖銳的情況，爲了對胡漢人民進行有效的統治而制訂的，這種分治制度是在無視漢族人民傳統生產方式，無視當時存在的漢族固有封建勢力的情況下推行的。而後趙在推行其胡漢分治政策時，則在一定程度上維護了漢族傳統的生產方式，地方長官多以當地豪強或壘主充任，因勢利導地採用封建賦役剝削方式，他始則「人始租賦」，繼則「下州郡閱實人戶，戶賫二匹，租二斛」。〔註46〕剝削量比西晉還要輕一點，平定王浚後，又「分遣流人各還桑梓」〔註47〕這種舉措對於後趙政權統治的穩固無疑是大有裨益的。另外在胡漢分治政策的內容上，後趙較漢——前趙也大有不同，後趙「清定五品，以張賓領選，復續定九品」。〔註48〕以此恢復魏晉以來的九品選舉制度。這樣在後趙統治下漢族士族的利益或多或少地得到了保護。石虎上臺以後，雖然有一些漢族士族在政治鬥爭中被殺，如程遐、徐光等，但是胡漢分治政策中維護漢族士族利益的內容卻沒有被破壞。石虎下令清定九品，一再強調「吏部選舉，可依晉氏九班選制，永爲揆法」。〔註49〕這一舉動深受漢族士族的擁護。曾經投靠鮮卑段部和慕容部的盧諶、裴憲、石璞、崔悅、陽裕等轉而效忠於後趙。

　　以上情況並不等於說後趙已經解決了或緩和了民族矛盾。相反，當時的民族歧視、民族壓迫現象依舊屢見不鮮。石勒以「中壘支雄、游擊王陽並領門臣祭酒，專明胡人辭訟，以張離、張良、劉群、劉謨等爲門生主書，司典胡人出內，重其禁法，不得侮易衣冠華族。號胡爲國人」。〔註50〕說明在後趙國內，除羯族外，各族人民包括漢族世家大族都處在被統治民族的境地。樊坦的遭遇生動的說明了當時的情況，「（石）勒以參軍樊坦清貧，擢授章武內史。既而入辭，勒見坦衣冠弊壞，大驚曰：『樊參軍何貧之甚也！』坦性誠樸，率而對曰：『頃遭羯賊無道，資財蕩盡。』」〔註51〕身居高位的漢族官僚尚且如此，中原廣大百姓的命運也就可想而知了。

　　後趙統治者諱胡尤峻，「石勒諱胡，胡物皆改名，胡餅曰搏爐，石虎改曰

〔註46〕　《晉書》卷104，《石勒載記》。
〔註47〕　《晉書》卷104，《石勒載記》。
〔註48〕　《晉書》卷105，《石勒載記》。
〔註49〕　《晉書》卷106，《石季龍載記》。
〔註50〕　《晉書》卷105，《石勒載記》。
〔註51〕　《晉書》卷105，《石勒載記》。

麻餅。」〔註52〕這一點從一個側面反映了後趙統治者的民族自卑心理。因此，在後趙統治期間民族矛盾之激化也就不難理解了。

由於後趙軍事貴族的貪婪掠奪以及無休止的軍事征伐，加之其內部激烈的權力角逐均使得社會矛盾日趨激化。在後趙統治晚期，出現了以梁犢起義為代表的廣泛的反抗浪潮，這一點連統治者自己也看得十分真切，「時沙門吳進言于（石）季龍曰：『胡運將衰，晉當復興，宜苦役晉人以厭其氣』。季龍于是使尚書張群發近郡男女十六萬，車十萬乘，運土築華林苑及長牆于鄴北，廣長數十里。」〔註53〕這種「苦役晉人」的措施使得後趙階級矛盾與民族矛盾急劇尖銳。後趙政權內的軍事貴族冉閔趁勢發動政變，以「晉當復興」為號召，大肆屠殺羯人，「（冉）閔躬率趙人誅諸胡羯，無貴賤男女少長皆斬之，死者二十餘萬，屍諸城外，悉為野犬豺狼所食。屯據四方者，所在承閔書誅之，於時高鼻多鬚至有濫死者半。」〔註54〕冉閔的報復性仇殺，不但沒能扭轉民族矛盾、階級矛盾日益激化的勢頭，相反更加助長了這種勢頭的進一步高漲。「自季龍末年而（冉）閔盡散倉庫以樹私恩。與羌胡相攻，無月不戰。青、雍、幽、荊州徙戶及諸氐、羌胡蠻百餘萬，各還本土，道路交錯，互相殺掠且饑疫死亡，其能達者十有二三。諸夏紛亂，無復農者。」〔註55〕

通過以上情況可知，後趙統治者對漢族和其他少數民族採取了羈縻拉攏和打擊鎮壓並行的政策。就是說，為了壯大自身實力和建立統治政權的需要，對漢族和其他少數民族上層進行籠絡，給他們以高官厚祿，以期取得他們的支持。但是隨著境內各種矛盾的逐漸激化和強烈的民族自卑感又使得後趙統治者們劃分了嚴格的種族界限，對漢族和其他少數族竭力壓制，這樣隨著民族矛盾的尖銳和統治階級內部鬥爭的加劇，後趙政權也隨之瓦解。

眾所周知，中原地區的漢族士族和漢族人民為躲避戰亂大量遷往鮮卑慕容部領地，「自永嘉喪亂，百姓流亡，中原蕭條，千里無煙……流人之多舊土十倍有餘，人殷地狹，故無田者十有四焉……開境三千，戶增十萬」。〔註56〕由於先前鮮卑慕容部「未嘗通中國」，因此，鮮卑慕容部與西晉政權並無多大利害衝突，所以他們為增強自身的實力也就樂於接受大量流民的遷入和他們

〔註52〕 《太平御覽》卷860引《後趙錄》。
〔註53〕 《晉書》卷106，《石季龍載記》。
〔註54〕 《晉書》卷106，《石季龍載記》。
〔註55〕 《晉書》卷106，《石季龍載記》。
〔註56〕 《晉書》卷109，《慕容皝載記》。

所帶來的先進的生產技術、生產經驗。這對於鮮卑慕容部的自身發展來說是有促進作用的。慕容部貴族也深切體會到了這一點，爲了解決「人殷地狹」的窘況，慕容部統治者對此採取了兩點措施：首先，設立僑郡縣，以此維護廣大流民的傳統生產方式，「冀州人爲冀陽郡，豫州人爲成周郡，青州爲人營丘郡，并州人爲唐國郡。」〔註57〕僑郡縣的設置有利於將流民固著在土地上，在鮮卑慕容部的領地內發展農業生產。其次，在記室參軍封裕的建議下慕容皝下令「苑囿悉可罷之，以給百姓無田業者。貧者全無資產，不能自存，各賜牧牛一頭。若私有餘力，樂取官牛墾官田者，其依魏、晉舊法。」〔註58〕所謂「魏晉舊法」，指的便是屯田制下的剝削方式，「持官牛者，官得六分，百姓得四分，私牛而官田者，與官中分。」〔註59〕爲了進一步扶植農業生產，慕容皝採納封裕的建議，大力抑制工商業的發展，「百工商賈數，四佐與列將速定大員，餘者還農。」〔註60〕這些招撫流民，發展農業生產的舉措無疑大大促進了鮮卑慕容部封建化的進程。

前邊已述，鮮卑慕容部貴族爲了實現其聯合東晉政權，壯大自身實力，進而進據中原的戰略藍圖時對漢族士族進行積極拉攏，以求取得他們的支持，而漢族士族爲了維護自身的利益也多投向鮮卑慕容部貴族的懷抱。在慕容廆的極力籠絡下，逐漸形成了一個以慕容部貴族爲核心的、龐大的漢人文士集團。該集團以「河東裴嶷、代郡魯昌、北平陽耽爲謀主，北海逢羨、廣平游邃、北平西方虔、渤海封抽、西河宋奭、河東裴開爲股肱，渤海封弈、平原宋該、安定皇甫岌、蘭陵繆愷以文章才儁任居樞要，會稽朱左車、太山胡毋翼、魯國孔纂以舊德清重引爲賓友，平原劉讚儒學該通，引爲東庠祭酒。」〔註61〕如此大批的漢族士族在鮮卑慕容部政權中得到優遇，在十六國時期是很不多見的。在這個漢人文士集團的全力輔助下，鮮卑慕容部的封建化進程得以加快，軍事實力隨之增強。由此可見，在鮮卑慕容部的發展壯大過程中，積極任用漢族士族，維護中原傳統生產方式的策略是有著重大積極意義的。

鮮卑內部，部族繁多，相互關係極其複雜，各部族之間矛盾重重。早在

〔註57〕 《晉書》卷108，《慕容廆載記》。
〔註58〕 《晉書》卷109，《慕容皝載記》。
〔註59〕 《晉書》卷109，《慕容皝載記》。
〔註60〕 《晉書》卷109，《慕容皝載記》。
〔註61〕 《晉書》卷108，《慕容廆載記》。

慕容廆之父涉歸死後不久，慕容廆便以「馬鬥相傷」之故逼走其庶兄吐谷渾。
〔註 62〕隨後，慕容廆將矛頭對準了鮮卑宇文部、段部以及高句麗，採取分化
瓦解、各個擊破的辦法，首先出兵大敗宇文氏；次年出兵擊敗高句麗。〔註 63〕
對於鮮卑段部，慕容廆利用段部首領段末波統國不久，立足未穩的時機，「遣
（慕容）皝襲之，入令支，收其名馬寶物而還。」〔註 64〕

慕容皝即位之後，進一步加快了掃除鮮卑內部敵對勢力的步伐。咸和九
年，「（慕容）皝宣其司馬封弈攻鮮卑木堤于白狼，揚威淑虞攻烏丸悉羅侯於
平堈，皆斬之。」〔註 65〕咸康年間，「遣封弈襲宇文別部涉奕于，大獲而還。
涉奕于率騎追戰于渾水，又敗之。」〔註 66〕「咸康七年，慕容皝率勁卒四萬，
入自南陝，以伐宇文、高句麗……毀丸都而歸。」〔註 67〕受到慕容部重創的
鮮卑宇文部為了恢復其實力也曾興兵討伐慕容部，但沒有取得什麼功效，宇
文歸「遣其國相莫淺渾伐（慕容）皝……皝遣（慕容）翰率騎擊之，渾大敗，
僅以身免，盡俘其眾。」〔註 68〕

鮮卑慕容部勢力的壯大，必然地對後趙政權造成了威脅，石勒曾力圖結
好於慕容廆，但慕容廆在與其漢人文士集團共同確立的聯合東晉政權，進據
中原的戰略藍圖指引下，拒絕了後趙的結盟要求。後趙政權與鮮卑慕容部的
矛盾達到了白熱化的程度。「石勒遣使通知，（慕容）廆距之，送其使於建鄴。
勒怒，遣宇文乞得龜擊廆，廆遣（慕容）皝距之。以裴嶷為右部都督，率索
頭為右翼，命其少子仁自平郭趣柏林為左翼，攻乞得龜，克之，悉虜其眾。
乘勝撥其國城，收其資用億計，徙其人數萬戶以歸。」〔註 69〕慕容皝時期，
進據中原的步伐進一步加快。盡早掃除段部的勢力，加大對後趙軍事力量的
打擊也就成為鮮卑慕容部的首要任務。為此，「（慕容）皝以段遼屢為邊患，
請將軍宋回稱藩幹石季龍，請師討遼。季龍於是總眾而至。皝率諸軍攻遼令
支以北諸城，遼遣其將段蘭來距，大戰，敗之，斬級數千，掠五千餘戶而歸
……（季龍）怒皝之不會師也，進軍擊之……段遼遣使詐降於季龍……（慕

〔註 62〕 《魏書》卷 97，《吐谷渾傳》。
〔註 63〕 《晉書》卷 108，《慕容廆載記》。
〔註 64〕 《晉書》卷 108，《慕容廆載記》。
〔註 65〕 《晉書》卷 109，《慕容皝載記》。
〔註 66〕 《晉書》卷 109，《慕容皝載記》。
〔註 67〕 《晉書》卷 109，《慕容皝載記》。
〔註 68〕 《晉書》卷 109，《慕容皝載記》。
〔註 69〕 《晉書》卷 108，《慕容廆載記》。

容）恪伏精騎七千於密雲山，大敗之，獲其司馬陽裕、將軍鮮于亮，擁段遼及其部眾以歸。」〔註70〕鮮卑段部被擊滅以及後趙政權的瓦解爲鮮卑慕容部進據中原掃清了道路。

總之，就鮮卑慕容部而言，其民族矛盾過多地體現在鮮卑族內各部族的衝突之上，鮮卑慕容部在掃除了鮮卑段部、宇文部等敵對勢力後，積極拉攏流亡在慕容部領地的漢族流亡士庶。確立了以羈縻爲主打擊爲輔的政策。在這項基本政策的指引下，鮮卑慕容部貴族積極維護漢族傳統的生產方式。在此基礎上不但加快了其封建化的進程，更重要的是增強了其軍事實力。這爲其進據中原起了決定性的作用，這同時也是在前燕政權瓦解後，鮮卑慕容部能在中原建立諸多「燕」政權的根本原因所在。

氐族苻氏，漢化程度較高，農耕水平較其他少數民族而言也比較高。在苻生即位後已不見大單于等帶有濃厚胡漢分治色彩的名號了。這在密切胡漢關係，增進民族間的相互融合方面有著積極意義。苻堅當政後，任用漢人王猛，大力加強中央集權，積極致力於經濟的恢復和發展。以致關隴地區的經濟自永嘉之亂以來達到了一個前所未有的繁榮的局面，「關隴清晏，百姓豐樂，自長安至於諸州，皆夾路樹槐柳，二十里一亭，四十里一驛，旅行者取給於途，工商貿販於道。」〔註71〕經濟的繁榮，國力的增強，使得苻堅一再聲稱要「混合六一，以濟蒼生。」企圖以華夏共主的姿態自居。符堅對於其他少數民族豪酋多採取優容的態度，以示其大國仁義君主的寬闊心襟。前邊所述，苻堅對晉帝、謝安、桓沖等人「立第而待之」的態度便可說明這一點。擊滅前燕之後，苻堅「赦慕容暐及其王公已下，皆徙於長安，封授有差……徙關東豪傑及諸雜夷十萬戶於關中，處烏丸雜類於馮翊、北地，丁零翟斌於新安，徙陳留、東阿萬戶以實青州。諸因亂流徙，避仇遠徙，欲還舊業者，悉聽之。」〔註72〕苻堅掃平涼州後，又以苻洛爲北討大都督，率幽州兵十萬進攻代王什翼鍵「……其子翼圭縛父請降……堅以翼鍵荒俗，未參仁義，令入太學習禮。以翼圭執父不孝，遷之於蜀」〔註73〕前秦是否眞正俘獲代王什翼鍵，學術界對此頗有爭議。然而從苻堅以什翼鍵荒俗，令其入太學習禮；以翼圭縛父請降，不符合儒家忠孝觀念而將其遷往蜀地一事看，確實反映了

〔註70〕　《晉書》卷109，《慕容皝載記》。
〔註71〕　《晉書》卷113，《苻堅載記》。
〔註72〕　《晉書》卷113，《苻堅載記》。
〔註73〕　《晉書》卷113，《苻堅載記》。

符堅力圖作爲一個維護儒家思想，「視四海爲一家」的仁義君主的意圖。另外，這件事也從一個側面反映了符堅優容各族貴族，積極倡導漢化的膽識。

符堅統一北方後，便以爲天道歸己，以漢文化的正統繼承者自居。他重用鮮卑慕容部貴族，以慕容暐爲尚書，慕容垂爲京兆尹，慕容衝爲平陽太守。此種過分優容鮮卑貴族的行徑，引起了宗室符融等人的憂慮。而符堅卻說：「今四海事曠，兆庶未寧，黎元應撫，夷狄應和，方將混六合以一家，同有形於赤子，汝其息之，勿懷耿介。夫天道助順，修道則攘災。苟求諸己，何懼外患焉。」〔註74〕呂光西征時符堅更是進一步道明他所標榜的「王化」觀念，他告誡呂光：「西戎荒俗，非禮義之邦。羈縻之道，服而赦之，示以中國之威，導以王化之法，勿極武窮兵，過深殘掠。」〔註75〕符堅過於樂觀地估計了當時前秦政權所面臨的民族關係嚴峻的情況，符堅以諸氐種類繁滋，秋，七月，分三原、九嵕、武都、汧、雍氐十五萬戶，使諸宗親各領之，散居四方，如古諸侯。」〔註76〕符堅的這種遷徙本族部民的措施縱然有其著意加強本族貴族權勢的一面。但是該舉措同時削弱了作爲統治民族的氐族在統治中心的勢力，正如伶人趙整歌唱：「遠徙種人留鮮卑，一旦緩急當語誰。」〔註77〕

符堅治秦，較漢——前趙、後趙、前燕而言的確成績斐然，在相當長的一段時間裏，符堅實行「偃甲息兵，與境內休息」〔註78〕的基本國策，的確給社會經濟的恢復與發展創造了條件。但仔細分析淝水之戰前北方的經濟形勢，情況仍不容樂觀。在當時的經濟條件下，前秦的民族關係遠遠不能達到符堅所估計的那種緩和與平靜。冉閔之亂後，關中地區乃至黃河流域的社會經濟遭到巨大的破壞。前燕當政時期，由於統治十分腐朽，經濟形勢並沒有多大改觀，特別在慕容暐時期，「後宮四千有餘，僮侍廝養通兼十倍，日費之重，價盈萬金……宰相侯王迭以侈麗相尚，風靡之化，積習成俗。」〔註79〕在這種驕侈、腐敗的政局下，經濟想要在短期內取得恢復、發展的可能性是微乎其微的。前秦擊滅前燕後，針對前燕的弊政，符堅曾遣使「循行關東州郡，觀省風俗，勸課農桑，振恤窮困，收葬死亡，族顯節行，燕政有不便於

〔註74〕 《晉書》卷113，《符堅載記》。
〔註75〕 《晉書》卷114，《符堅載記》。
〔註76〕 《晉書》卷114，《符堅載記》。
〔註77〕 《晉書》卷114，《符堅載記》。
〔註78〕 《資治通鑒》卷102。
〔註79〕 《晉書》卷111，《慕容暐載記》。

民者，皆變除之。」〔註 80〕符堅統治初期出現的較為清明的吏治，以及重視發展農業生產，推廣先進的耕作方法等舉措的確使社會經濟有了一定程度的復蘇。但是前燕的腐朽統治造成的惡果並不可能在短時期內僅靠一兩項制度便能扭轉的。

滅燕以後，尤其是王猛死後，符堅的驕侈心急劇膨脹。家累千金的商人趙掇、丁妃、鄒甕受到統治者的重用，奢侈品手工業興起。〔註 81〕僅符堅的鎧甲就用「金銀細鏤鎧，金為縺以縹之。」〔註 82〕他使用的佩刀，用工五千鑄就。〔註 83〕另外，符堅「大修舟艦、兵器、飾以金銀頗及精巧。」〔註 84〕前秦的政治就這樣在符堅的驕侈心驅使下開始走下坡路，「自王猛之死，秦之法制，日以頹靡，今又重之以奢侈，殃將至矣！」〔註 85〕政治上的日益墮落，帶來了軍事上的窮兵黷武，僅淝水之戰前夕，自建元十二年到建元十九年的七年間，符堅發動的內外戰爭便多達九次，平均不到一年就發生一次戰爭。動用兵力最高達二十萬人。另外，在此期間，前秦境內自然災害頻繁，建元十五年，國內人饑；建元十八年，蝗災遍及關東諸地，「經秋冬不滅。」〔註 86〕所以，符堅在這種經濟凋弊、政治日趨腐敗的情況下發動的淝水之戰為有勝利的可能性。連隴西鮮卑酋帥乞伏國仁也預料到符堅所要面臨的失敗前景，「苻氏往因趙石之亂，遂妄竊名號，窮兵極武，跨僭八州。疆宇既寧，宜綏以德，方虛廣威聲，勤心遠略，騷動蒼生，疲弊中國，違天怒人，將何以濟！且物窮則虧，禍盈而覆者，天之道也。以吾量之，是役也，難以免矣」。〔註 87〕

除此之外，前秦統治集團內部的矛盾也愈演愈烈。符堅千方百計地拉攏少數民族上層份子，而這些豪酋並不甘心於符堅的統治，特別是鮮卑慕容部貴族時刻窺度形勢，圖謀復國。即使在前燕亡國不久的形勢下，慕容部貴族便已萌生了矢志復國的企圖。正如高弼曾給慕容垂進行規劃的那樣，「天啓嘉會，靈命暫遷，此乃鴻漸之始，龍變之初，深願仁慈有以慰之。且夫高世之略必懷遺俗之規，方當網漏吞舟，以弘道養之義，收納舊臣之胄，以成為山

〔註 80〕　《資治通鑑》卷 102。
〔註 81〕　《晉書》卷 113，《苻堅載記》。
〔註 82〕　《太平御覽》卷 355 引《前秦錄》。
〔註 83〕　《太平御覽》卷 346 引《前秦錄》。
〔註 84〕　《資治通鑑》卷 104。
〔註 85〕　《資治通鑑》卷 104。
〔註 86〕　《資治通鑑》卷 104。
〔註 87〕　《晉書》卷 104，《乞伏國仁載記》。

之功」〔註 88〕到淝水之戰前，匈奴屠各部及羯族經過石勒、石虎、冉閔的殺戮，已不能成為一股強大的政治、軍事勢力。只有鮮卑慕容部與燒當羌姚氏勢力日益壯大，逐漸對前秦政權構成威脅。在苻堅的優容政策下，他們反叛的企圖不但沒有收斂，反而愈加猖獗。王猛臨終前對國內面臨的民族矛盾高漲的情況也不勝憂慮，他告誡苻堅「鮮卑、羌虜，我之仇也，終為人患，宜漸除之，以便社稷」〔註 89〕前秦權貴苻融也曾針對苻堅大規模遷徙本族部民的政策道出了他所預感到的即將面臨的危機：「陛下寵育鮮卑，羌、羯布諸畿甸，舊人族類，斥徙遐方。今傾國而去，如有風塵之變者，其如宗廟何！」〔註 90〕然而苻堅在其極度膨脹的驕佟心的驅使下，不但沒有認清前秦所存在的深刻的社會危機，而且對王猛、苻融等人的建議置若罔聞。這樣，苻堅在淝水之戰中最終招致了失敗的結局。

總之，從總體而言，前秦對漢族和其他少數民族的羈縻措施是其民族政策的主要內容。首先，前秦統治者漢化程度較高，他們以漢文化的「正統」繼承者自居。這樣，他們對漢族地主階級總是積極拉攏，以期他們對前秦政權認可。其次，對於其他少數民族的上層權貴，前秦統治者也對他們多加優遇，甚至委以重任。前秦的民族政策相對於其他少數民族政權的民族政策有一定的先進性。但是結合前秦社會經濟的不穩定性及內遷各族部落組織形態廣泛存在的情況和各族在內地力量分佈的不平衡性等因素均造成了當時民族關係的錯綜複雜。而前秦統治者卻恰恰低估了這些不利因素將會產生的負面效應，使得前秦的民族政策又不可避免地帶有一定的超前性。

就前邊各政權民族政策狀況的分析，我們不妨將他們劃分為漢——前趙、後趙和前燕、前秦兩種類型。第一種類型的特點是：首先，這些民族政策是在階級矛盾上為諸多矛盾中的主要矛盾的背景下制訂並實施的。我們知道，匈奴漢——前趙政權是匈奴貴族利用西晉末年階級矛盾極端尖銳的形勢，以恢復匈奴權貴往昔的權勢和榮耀的目的下建立起來的。在該過程中匈奴權貴有著「晉人未必同我」的顧慮，所以他們以「漢」旗號為號召。因為在他們眼裏「漢有天下世長，恩德結於人心，」〔註 91〕的威勢。因此匈奴以

〔註 88〕 《晉書》卷 123，《慕容垂載記》。
〔註 89〕 《晉書》卷 114，《苻堅載記》。
〔註 90〕 《晉書》卷 114，《苻堅載記》。
〔註 91〕 《晉書》卷 101，《劉元海載記》。

漢之「恩德」對抗晉之暴政，可見當時階級矛盾是何等的尖銳。後趙石勒以自身的經歷深刻體驗了晉王朝的階級壓迫，加之他本人又有強烈的民族自卑感。這一切更使得他對晉王朝恨之入骨。以上情形均使得漢——前趙政權與後趙政權的民族政策打上了深刻的具有階級鬥爭色彩的烙印。

其次，這些民族進據中原並建立政權時，就其自身發展階段而言帶有較大的落後性，其最直接的後果便是這些民族政策與中原相對比較先進的生產力水平不相符合。匈奴早在西漢時已有了較為明顯的階級分化，曹操為了削弱其實力也曾將匈奴分為五部。但是匈奴的部落形態並未完全打破，據《晉書‧王洵傳》記載：「魏氏給公卿以下租牛客戶數各有差，自後小人憚役，多樂為之，貴勢之門動有百數。又太原諸部亦以匈奴胡人為田客，多者數千」。太原諸部正是匈奴五部的主要聚居地，漢族地主階級使用數量如此巨大的匈奴人為田客一方面說明匈奴人已成為該地區主要的勞動力來源，另一方面也說明匈奴人從事農業生產的途徑是充當漢族地主的田客，而不是自己佔有土地的自耕小農。這種情況的出現是階級壓迫下的結果，是被動的。因此匈奴從事農業生產的過程不是匈奴社會正常發展下的自身產物。這也是為什麼劉淵剛一起事便可以取得「二旬之間，眾已五萬。」〔註92〕的效果的根本原因所在了。羯族石勒的先世曾為部落小帥，而他本人曾有被掠賣為奴，為人傭耕的悲慘經歷，這使得劉淵一起兵他便積極響應，崛起之後便竭力維護本族人的利益，「號胡為國人」。匈奴與羯族自身社會發展形態落後於中原漢人，他們又曾飽受漢族士族的階級壓迫，這一切使得他們在部落形態逐步打破、逐漸進行封建化時其民族政策具有野蠻性和強制性的一面。這也就是在漢——前趙、後趙政權以後民族矛盾逐漸上升為該時期主要矛盾的原因。

關於第二種類型，具有相對於第一種類型的三個特點。首先，這些民族政策是在民族矛盾逐漸向主要矛盾轉化過程中制訂並實施的。鮮卑慕容部貴族是利用了後趙末期羯族統治者實行殘酷的民族壓迫而出現的民族矛盾日趨高漲的形勢，在「人心思晉」的局面下適時採用「聯晉」策略使得他們進據中原，建立起自己的統治。氐族苻氏權貴也是利用後趙末年民族矛盾高漲的時機，求取東晉政權的封號，從而實現了群臨中原的願望。其次，這些民族在建立起自己的政權時，就其自身發展階段而言已經實現了封建化，其最直接的後果便是其民族政策能夠基本順應中原相對比較先進的生產力發展水

〔註92〕 《晉書》卷 101，《劉元海載記》。

平。早在慕容廆移居大棘城後，農業已在慕容部的經濟生活中佔據了重要地位。，「（慕容）廆以大棘城即帝顓頊之墟也，元康四年乃移居之。教以農桑，法制同於上國。永寧中，燕垂大水，開倉振給，幽方獲濟」。〔註93〕自元康四年到永寧元年相隔只有七、八年，而慕容氏在如此短暫的時間內便可做到開倉振給，使得「幽方獲濟」說明鮮卑慕容部的農業水平提高的很快。「法制同於上國」，說明鮮卑慕容部已初步建立了一套比較完備的法制體系。西晉末年，大批漢族地主階級和漢族人民為躲避戰亂，湧入鮮卑慕容部的領地。他們帶來的先進的生產技術和生產經驗進一步促進了鮮卑慕容部的封建化，「沒有等奴隸制發展起來，慕容部很快地就向封建制飛躍了」。〔註94〕前秦苻氏內遷較早，漢化水平比較高，農業在經濟生活中佔有主導的地位。另外，從苻生執政開始，前秦政權內已不見大單于等帶有少數民族色彩的名號。在這些政權的民族政策下，中原傳統的生產方式得到維護，這也同時使得這些少數民族政權內的封建生產關係進一步加強。再次，這些政權的民族政策相對於第一種類型均體現出一定的先進性。正如前邊所述，這些民族的封建化程度較高，統治階級大多充分順應了中原先進的生產方式。在此基礎上他們力圖擴大其統治基礎，如慕容廆的漢人文士集團；苻堅「視四海為一家」的雄心均反映了這一點。

我們分析了這兩種不同類型的民族政策的特點及其表現，我們發現十六國前期的這兩種不同類型的民族政策有一個轉化過程，即從第一種類型向第二種類型的轉化過程。在該轉化過程中有一個由落後到相對完善的遞進性貫穿其中。這個遞進性便是從漢——前趙、後趙政權到前燕、前秦政權民族政策嬗變的主線。

三、後　語

各族內遷之後，加速了其民族共同體的解體過程。但是從前邊所述的事實看來，內遷各族在民族共同體的解體過程中仍然頑強地保留著其部落形態。就匈奴而言，在劉淵起兵後，能夠做到「二旬之間，眾已五萬」便足以說明匈奴內部的民族凝聚力是很強的。可是這些事實並非意在說明匈漢一直保持著其完整的民族共同體不變。相反，匈奴內遷以後，就已加快了其民族

〔註93〕 《晉書》卷108，《慕容廆載記》。
〔註94〕 蔣福亞：《論鮮卑慕容部的封建化》，載《歷史論叢》第三輯。

共同體的解體步伐。劉淵起兵及其建國恰恰促進了這一進程。首先，劉淵起兵的目的是「復呼韓邪之業」而非復冒頓之業。可見依附漢王朝的呼韓邪的號召力要遠遠高於冒頓。其次，劉淵是打著「漢」旗號起兵的，所定國號也爲「漢」。這說明在匈奴人眼裏「漢有天下世長，恩德結於人心」的一面；還有在「漢」旗號下，匈奴貴族要統治人數眾多的漢族人民，那麼必須有適應漢族人民傳統生活方式的一面，因此，在漢政權下，出現了類似中原封建王朝的「太傅、太宰、大司馬、大司徒」等名號。以上事實說明劉淵起兵建國著實加快了匈奴民族共同體的解體過程。

另外，我們從匈奴的社會經濟狀況上考察其民族共同體的瓦解。前邊已述，匈奴內遷後，有一部分匈奴人成爲漢族地主階級的田客，爲其傭耕。這說明農業生活已經開始影響了匈奴的社會經濟生活。前秦時，匈奴豪酋劉衛辰曾「請田內地」〔註95〕由此可見，農業在匈奴的社會經濟中已佔有一席之地。但是直到北魏初年，道武帝拓跋珪擊破劉衛辰部時，所獲戰利品卻是「馬牛羊四百餘萬頭」。〔註96〕這說明在匈奴的社會經濟生活中畜牧業仍然佔有很大的比重，匈奴社會此時正處於畜牧業向農業的緩慢過渡的過程中。而該過程也正是匈奴部落形態的逐漸解體過程。

石勒建立後趙政權後，爲了鞏固其統治基礎，竭力拉攏漢族地主階級，推行漢族傳統的生產方式。由於中原地區漢族先進的生產方式的影響，在一定程度上加快了羯族民族共同體的瓦解。但是，由於羯族附匈奴而起，其社會經濟狀況與匈奴類似。畜牧業同樣在其社會經濟生活中佔有重要的地位。因此，羯族和匈奴一樣處於畜牧業向農業的緩慢過渡過程中，同樣處於部落組織形態的逐漸解體過程中。

鮮卑慕容部部落組織形態的瓦解有一定的主動性。從慕容廆開始便積極招撫漢族人民和士族，主動地推行漢族先進的生產方式。由漢族士族組成的「漢人文士集團」在鮮卑慕容部的政治生活中佔有重要地位。他們帶來的統治經驗、統治方法及他們倡導的漢文化對於鮮卑慕容部的封建化和鮮卑慕容部部落組織形態的解體均有一定推進作用。另外，早在慕容廆移居大棘城後，鮮卑慕容部的農業水平迅速提高，慕容皝期，推行「魏晉舊法」採用屯田制下的剝削方式，更進一步地促進了農業的發展。農業在鮮卑慕容部的經濟生

〔註95〕 《晉書》卷113，《符堅載記》。
〔註96〕 《魏書》卷95，《鐵弗傳》。

活中已處於主導地位。

氐族內遷較早，長期與漢人雜居，自古就是一個農業民族，農業在其經濟生活中早已佔有主導的地位。氐族在不斷遷徙的過程中，頻繁地與漢族地主階級和漢族人民接觸，這進一步促進了氐族的漢化進程和階級分化。

通過以上分析，我們發現民族共同體的解體與各民族自身發展水平密切相關。各民族發展起點的不同，造成了各自政權的民族政策的差異性。這同時也是各政權民族政策發生嬗變的根本原因。

我們知道，由牧變農的過程是非常緩慢的，我們在承認各少數族人民內遷後農業生產水平有了迅速發展的同時，也決不能忽視畜牧業在少數族人民經濟生活中的重要地位。以上事實明確地說明，在十六國前期，游牧經濟在諸多少數族人民的社會經濟生活中佔有相當重要的地位。在游牧經濟下各少數族的部落形態得以廣泛保留。即使他們入居內地後，在與漢人雜居的情況下，其部落組織也大多頑強地保留著。隨著農業水平的逐步提高，封建化程度的不斷深入，內遷各族的部落形態開始逐漸被打破，民族共同體一步步趨於瓦解。此外，少數民族政權的頻繁更迭，割據區域的不穩定性，進一步打亂了各族的居住狀況，部落組織進一步遭到破壞，民族共同體更趨瓦解。

西晉政權滅亡之後，民族矛盾在北方上升為主要矛盾，但此矛盾已不僅僅是廣大少數民族對漢族的矛盾，而是廣大少數民族及漢族人民對建立政權的少數民族統治者的矛盾。這一點正是十六國前期乃至整個兩晉南北朝時期北方民族矛盾中的主要方面。由於各民族各自發展起點、發展程度的不同，致使他們對待漢族，對待其他少數民族的策略也各有不同。就十六國前期建立統治政權的各少數民族而言，他們的發展程度均落後於漢族；經濟生活上均向農業轉化，他們均凌駕於其他民族之上，致使境內民族矛盾趨於激化。在這些共同背景下，他們對發展程度較高的漢族採取「有拉有打」、「恩威並濟」的手段，以便適應漢族比較先進的生產方式，從而穩固其統治。這一切不但促進了他們的漢化進程，而且加速了其民族共同體的瓦解過程。

由牧變農的過程和民族共同體的解體過程是非常緩慢的，中間也不乏出現停滯或倒退的逆流。這就決定了各族內部的分化，各族民族共同體的解體也將是一個漫長而曲折的歷史過程。十六國前期各少數民族政權的民族政策由落後到相對完善的嬗變也就體現在這個漫長而且曲折的歷史過程中。就總體而言，從匈奴的漢——前趙政權到氐族的前秦政權的演變過程，是各族封

建化不斷深入的過程，也是各族從經濟生活上不斷地由牧變農的過程；同時更爲重要的還是各族民族共同體的解體過程。在這些過程中所伴隨出現的各政權的民族政策也就呈現出一個由落後到相對完善的曲折的向前發展的態勢。